A REENCARNAÇÃO
SEM MISTÉRIOS

José Carlos de Camargo Ferraz

ebm

A REENCARNAÇÃO SEM MISTÉRIOS
Copyright© C. E. Dr. Bezerra de Menezes

Editor: *Miguel de Jesus Sardano*
Coordenador editorial: *Tiago Minoru Kamei*
Capa: *Ricardo Brito - Estúdio Design do Livro*
Revisão: *Rosemarie Giudilli Cordioli*
Projeto gráfico e diagramação: *Tiago Minoru Kamei*

1ª edição - setembro de 2012 - 3.000 exemplares
Impressão: Lis Gráfica e Editora Ltda.
Impresso no Brasil | Printed in Brazil

Rua Silveiras, 23 | Vila Guiomar
CEP: 09071-100 | Santo André | SP
Tel (11) 3186-9766
e-mail: *ebm@ebmeditora.com.br*
www.ebmeditora.com.br

Dados Internacionais de Catalogação na Publicação (CIP)
(Câmara Brasileira do Livro, SP, Brasil)

Ferraz, José Carlos de Camargo
A reencarnação sem mistérios / José Carlos de
Camargo Ferraz. -- 1. ed. -- Santo André, SP :
EBM Editora, 2012.

1. Espiritismo 2. Reencarnação I. Título.

12-10571   CDD-133.90135

Índices para catálogo sistemático
1. Reencarnação : Espiritismo 133.90135

ISBN: 978-85-64118-26-3

A REENCARNAÇÃO
SEM MISTÉRIOS

JOSÉ CARLOS DE CAMARGO FERRAZ

ebm

Dedicatória

Aos meus filhos adolescentes – Lis e Eduardo – dedico este livro, desejando que jamais lhes falte o amor à Verdade e a coragem de dizê-la.

O AUTOR

Sumário

Prefácio.....*11*

01 – Noções gerais acerca da reencarnação.....*17*

02 – Jesus e a reencarnação.....*25*

03 – A reencarnação e a justiça divina.....*33*

04 – Objeções feitas à reencarnação.....*39*

05 – Provas de reencarnação.....*49*

06 – Por que Deus nos impôs a reencarnação?.....*61*

07 – Evolucionismo e reencarnação.....*71*

08 – A reencarnação e o corpo físico.....*83*

09 – Corpo e espírito na reencarnação.....*91*

10 – O ator e os personagens na reencarnação.....*97*

11 – A reencarnação e o aprendizado.....*103*

12 – Reencarnação, livre-arbítrio e determinismo.....*111*

13 – A reencarnação e a lei do carma.....*119*

14 – A reencarnação e o sexo.....*127*

15 – A reencarnação e os laços de família.....*139*

16 – A reencarnação sob o prisma do humor.....145

17 – A reencarnação e a pluralidade dos mundos habitados.....153

18 – A reencarnação e as rimas: a dor e o amor.....161

19 – A reencarnação e o mundo espiritual (I).....171

20 – A reencarnação e o mundo espiritual (II).....181

21 – Atos preparatórios da reencarnação.....193

22 – A expectativa da reencarnação.....201

23 – Um caso exemplar de reencarnação.....211

24 – A reencarnação e a liberdade reencarnatória.....221

25 – A reencarnação e a eterna liberdade.....229

O Instituto Bairral.....235

Glossário.....237

Referência Bibliográfica.....251

Prefácio

$\mathcal{A}$cima de tudo, este livro pretende ser claro e simples.

Não quero que ele se pareça com algumas obras, manifestamente inacessíveis à maioria dos nossos leitores que pouco estudou e não tem o hábito da leitura muito desenvolvido. Eles gostam de ler, é certo, mas desde que entendam o texto sem grande dificuldade.

Escrevi pensando neles. Pretendo que este livro seja compreensível a toda pessoa capaz de ler uma notícia de jornal. Evitei, por isso, usar qualquer palavra menos comum e, até onde pude, simplifiquei as ideias, utilizando exemplos e comparações.

Evidentemente, não alterei – nem poderia alterar – aquilo que outros autores escreveram. Por isso, nas citações de alguns poetas e escritores irão surgir palavras e expressões de entendimento um pouco mais difícil.

Nesses casos, um glossário (ou pequeno dicionário) existente ao fim do livro resolverá a questão. E o esforço do leitor será recompensado, pois os trechos transcritos foram escolhidos por sua importância e particular beleza, como acontece com os versos psicografados.

Os leitores logo perceberão meu entusiasmo pela poesia mediúnica. Considero-a uma privilegiada prova da imortalidade da alma, à medida que demonstra a imortalidade dos poetas...

De toda a incomparável produção mediúnica do nosso Chico Xavier, parece que os poemas psicografados constituem o ponto mais alto. Somente uma mediunidade absolutamente segura pode receber poesia, pois a mudança de uma única palavra quebra a métrica, ou o ritmo do verso. Assim, nenhum sinônimo pode substituir o vocábulo desejado pelo poeta.

Uma palavra de duas sílabas (bela, por exemplo), não pode ser substituída por outra, de três sílabas (como formosa, por exemplo). Caso haja a substituição, prejudica-se a cadência. Quebra-se o pé do verso.

Outro tanto acontece com as rimas que não podem ser trocadas. Nem tocadas...

Diante disso, se não acreditarmos na mediunidade de Chico Xavier, que tantos poemas já recebeu, será melhor desistir do intercâmbio com o Além.

Pela segurança oferecida por essa faculdade mediúnica, e pelo extraordinário conteúdo dos poemas, procurei confirmar minhas deduções doutrinárias apoiando-me nas revelações dos poetas desencarnados.

Quero destacar que todas as poesias transcritas neste livro podem ser encontradas nas seguintes obras mediúnicas: **Parnaso de Além-Túmulo, Poetas Redivivos, O Espírito de Cornélio Pires** e **Antologia dos Imortais,** as duas primeiras psicografadas por Francisco Cândido Xavier e as últimas por ele e Waldo Vieira.

Essas produções da literatura doutrinária, cuja leitura eu insistentemente recomendo, foram editadas pela veneranda Federação Espírita Brasileira.

Caso sinta total aversão pela poesia, o leitor poderá dispensar a leitura dos versos, sem que a obra fique sem sentido. Porém, haverá grande perda. Uma irreparável perda.

Finalmente, confesso que, ao iniciar este trabalho, desejei escrever uma cartilha – ou talvez um manual – de facílimo entendimento.

Desisti, depois de algumas tentativas, convencido de que nada é mais difícil do que escrever fácil...

Realmente, o estilo espontâneo e natural de um Monteiro Lobato não é para quem quer, é para quem sabe.

De qualquer modo, já me sentirei recompensado se tiver atingido o meio-termo, fazendo-me entender pela maioria dos leitores.

O ideal fica para outro livro... Ou para outra reencarnação.

Capítulo 01

Noções gerais acerca da reencarnação

Às vezes, ao tomarmos conhecimento de uma ideia, temos a sensação de já conhecê-la.

É que certas verdades vêm resolver antigas dúvidas nossas, como se constituíssem a peça complementar de um quebra-cabeça. Colocada a peça em seu devido lugar, tudo parece lógico, pois a figura se completa.

A reencarnação é uma verdade desse gênero. Parece abrigar-se no inconsciente de todas as pessoas, como uma verdade inata e universal. Quando travamos contato com ela, achamos fácil aceitá-la, por ser intuitiva e natural. Uma questão de bom-senso.

Por esse motivo, é compreensível que a reencarnação seja um princípio aceito há muito tempo, na religião de inúmeros países e na crença popular de muitas raças.

Realmente, as velhas civilizações orientais – tal qual a Índia, a China e o Egito – aceitaram a pluralidade das vidas como verdade fundamental. Suas religiões, suas normas de conduta e, por vezes, até sua organização social, apoiavam-se no princípio das vidas sucessivas.

A reencarnação é uma ideia muito lógica. De fato, chega ser surpreendente a facilidade com que as pessoas a aceitam.

Alguns anos atrás, em data que não consigo precisar, a *Folha de São Paulo* realizou uma pesquisa acerca da matéria religiosa. E o resultado foi incrível! Das pessoas entrevistadas, mais da metade acreditava na reencarnação...

Ora, a maioria absoluta de nossa população pertence ao Catolicismo. Obviamente, deveria dominar, entre católicos, a crença no Céu, no Inferno e no Purgatório. Mas não. As pessoas entrevistadas, embora não fossem espíritas, acreditavam na reencarnação, apesar de ser outra doutrina a ensinada pela Igreja.

Isso faz pensar, uma vez mais, que a Verdade tem força própria, e que a reencarnação deita raízes na consciência e no coração dos homens...

Vamos analisar, em seguida, o significado da palavra reencarnação.

Reencarnação (re + encarnação) significa volta à carne, renascimento. Significa que o espírito não vive na Terra somente uma vez.

Terminada uma vida corporal, ou seja, uma encarnação, a alma regressa à Espiritualidade, que é o seu "habitat", sua morada natural. Passado algum tempo, de lá retorna ao mundo físico, em sucessivas existências.

O espírito pode ser comparado a certas aves que mergulham no mar para comer pequenos peixes. Seu ambiente natural é a amplidão do espaço, para onde retornam, concluído o mergulho. Cada mergulho representa uma encarnação da alma...

A ave sempre volta ao mar em busca de alimento, e a alma desce à Terra à procura de sua evolução moral.

A reencarnação é também chamada palingenesia, doutrina das vidas sucessivas e teoria da pluralidade das existências.

De acordo com a Doutrina Espírita, ela não deve ser confundida com a metempsicose, e nem com a ideia da ressurreição dos mortos, como vamos agora verificar.

A metempsicose, ou doutrina da transmigração das almas (aceita na antiga Índia e no velho Egito), ensinava que os espíritos humanos poderiam renascer no corpo de animais, como castigo por seus erros.

Ao contrário, a doutrina reencarnacionista afirma que os espíritos não retrogradam, não recuam, não involuem. Depois de atingir a condição humana, em nenhuma hipótese voltam a vitalizar corpos de animais, pois isso representaria um retrocesso, impossível diante da lei evolutiva.

Quanto à ressurreição dos mortos (ou ressurreição da carne), veremos que se trata de uma teoria escatológica, muito confusa e indefinida, existente na religião judaica, ao tempo de Jesus.

A leitura da Bíblia deixa perceber que, entre o povo hebreu daquela época, a palavra ressurreição era usada em dois sentidos bastante diferentes.

No primeiro deles (o mais comum), ressuscitar tinha o significado de fazer a alma retornar ao corpo que morreu, animando-o, vivificando-o novamente.

De fato, está escrito no **Velho Testamento** que os profetas Elias e Eliseu ressuscitaram pessoas que haviam morrido (I Reis: 17,17-24 e II Reis: 4,32-37).

Nos Evangelhos, vemos que Jesus ressuscitou três pessoas: Lázaro, irmão de Marta e Maria, de Betânia (João: 11,1-46); o filho da viúva de Naim (Lucas: 7,11-17), e a filha de Jairo, chefe da sinagoga de Cafarnaum (Marcos: 5,35-43).

Também os apóstolos Pedro e Paulo ressuscitaram mortos. (Atos: 10,36-43 e 20,7-12).

Talvez surpreenda alguns leitores a notícia de que dois profetas (antes de Jesus), e dois apóstolos (depois de Jesus), tenham realizado a ressurreição de pessoas mortas.

Geralmente se pensa que tal prodígio tenha sido um privilégio exclusivo do Cristo, o que não é real como nós acabamos de ver.

Por outro lado, às vezes, se alega que as ressurreições bíblicas não expressam a exata realidade dos fatos.

Dizem que as pessoas miraculadas não estariam mortas, mas dormindo profundamente (em estado de letargia, ou catalepsia, algo assim como hipnotizadas).

No entanto, os relatos bíblicos (que os leitores podem conferir, por meio das citações feitas anteriormente), não deixam espaço para tal interpretação.

Em quase todos os acontecimentos, uma grave doença precedeu a morte dos miraculados e o fato foi observado por muitas testemunhas presenciais.

No caso ocorrido em Betânia, além da doença anterior, o próprio sepultamento não era recente, como se depreende da frase de Marta, irmã de Lázaro: *Senhor, já cheira mal, porque já é de quatro dias.* (João: 11,39). Como se isso não bastasse para afastar qualquer dúvida, o quarto evangelista teve o cuidado de inserir no texto o seguinte: *Então Jesus disse-lhes claramente: Lázaro está morto.* (João: 11,14).

Do exposto, conclui-se que as ressurreições

relatadas constituíram fatos inusitados e raríssimos, não guardando qualquer semelhança com a reencarnação, tal qual a entendemos.

No entanto, em outras passagens bíblicas, a palavra ressurreição tem, efetivamente, o significado de renascimento, como veremos no decorrer do próximo capítulo.

Capítulo 02

Jesus e a reencarnação

$\mathcal{M}$uita gente imagina que o Evangelho seja um tratado completo de Religião. Na verdade, não é assim.

Por motivos que desconhecemos – ou a respeito dos quais somente podemos fazer suposições – Jesus ensinou de maneira clara e extensa uma doutrina moral, mas não se aprofundou na análise de outros temas religiosos.

Possivelmente porque a Ética (ou a Moral), represente a essência, o cerne de uma Religião pura, como é a doutrina cristã, enquanto todos os demais assuntos religiosos são acessórios, embora importantes; talvez porque a revelação prematura de certas realidades espirituais pudesse prejudicar a difusão do aspecto essencial da Boa Nova, ou seja, a conduta cristã; talvez porque a Humanidade não estivesse madura para conhecer e aceitar determinadas realidades. O certo é que Jesus silenciou, ou não se pronunciou abertamente, a respeito de inúmeras questões religiosas. Entre essas as que concernem à vida além-túmulo.

Repetindo: Jesus esgotou o assunto do comportamento humano, dizendo, a respeito desse tema, palavras que *não hão de passar, embora passem os Céus e a Terra. Palavras eternas.*

No entanto, não aprofundou certas questões religiosas e nem sequer abordou alguns aspectos ou particularidades da Religião.

Pelas próprias palavras do Mestre poderemos saber que essas lacunas, esses silêncios foram intencionais.

Certa vez, disse Ele aos apóstolos: *– Ainda tenho muito que vos dizer, mas vós não o podeis suportar agora. Mas quando vier aquele Espírito de Verdade, ele vos guiará em toda a verdade.* (João: 16,12-13).

Jesus disse, portanto, que não podia revelar certas realidades. E prometeu que, futuramente, elas seriam trazidas ao conhecimento humano por meio do Espírito de Verdade, do Consolador, ou seja, do Espiritismo. Realmente, a Terceira Revelação veio esclarecer, definitivamente, o enigma da vida além da morte e da verdade da reencarnação.

Voltemos, entretanto, ao tema da vida futura presente no Evangelho, para observarmos que Jesus não se referiu, expressamente, nem ao Céu, nem ao Inferno, nem à Reencarnação.

Apenas de passagem o Mestre mencionou as estâncias do Além, não se detendo em descrições ou detalhes a respeito da vida espiritual.

Deixou clara a tese da imortalidade da alma, mas não disse, com exatidão, onde e como o espírito viveria após a morte corpórea.

Referindo-se à vida futura, utilizou Jesus as expressões consagradas em sua época e no meio de seu povo. Tais expressões designavam paragens espirituais vagas e imprecisas. Ninguém sabia, ao certo, o que significavam o Hades, o Sheol, ou a Geena. Igualmente incertos eram outros lugares de suplícios, como as "trevas exteriores" ou as "regiões inferiores", que acabaram sendo muito mal traduzidas pela palavra Inferno.

Conforme as crenças da época, essas regiões inferiores eram vales sombrios, onde as almas sofriam tormentos, ou então lugares onde havia fogo e imundície (Geena era o bairro de Jerusalém onde se queimava o lixo da cidade).

Esses lugares tanto poderiam ser traduzidos por Inferno ou Purgatório (como querem os católicos), quanto por Umbral e Trevas (como preferem os espíritas).

Se assim era, incerto e indefinido o local dos suplícios, o mesmo acontecia com o Céu, o Paraíso, ou o Seio de Abraão, imaginados como a morada dos justos. Tudo muito simbólico, tudo muito vago.

E quanto à reencarnação?

Pelo que já foi dito, não se pode esperar uma declaração objetiva e direta de Jesus acerca do tema. Apesar disso, da leitura do Evangelho podemos extrair a conclusão de que a teoria das vidas sucessivas tem tanta base e procedência quanto qualquer outra doutrina referente ao futuro espiritual do Homem.

Senão, vejamos.

O mais claro pronunciamento de Jesus a respeito das vidas sucessivas ocorreu em seu encontro com o fariseu chamado Nicodemos.

Sem rodeios, disse-lhe o Mestre: – *Se alguém não nascer de novo, não pode ver o reino de Deus.*

Embora fosse um doutor da Lei, um mestre em Israel, Nicodemos não entendeu a revelação. E perguntou: – *Como pode um homem nascer, sendo velho? Pode, porventura, voltar ao ventre materno e nascer segunda vez?*

Jesus insistiu:

> – *Quem não nascer da água e do espírito, não pode entrar no reino de Deus. O que é nascido da carne é carne; o que é nascido do espírito é espírito. Não se surpreenda porque lhe*

digo que é necessário nascer de novo. O vento sopra onde quer, você ouve sua voz, mas não sabe donde vem, nem para onde vai. Assim é todo aquele que é nascido do espírito.

Ora, nesse diálogo, aqui reproduzido livre e resumidamente, vemos Jesus referir-se a vários aspectos da reencarnação.

Em primeiro lugar, o Mestre afirma a necessidade do renascimento para alcançarmos a perfeição, ou o reino de Deus. Em seguida, vem o esclarecimento a respeito do corpo e do espírito. Aquele nasce da água (símbolo do nascimento físico), ou da carne, como esclarece Jesus. Já o espírito tem origem diversa. E, durante a encarnação – em virtude do esquecimento do passado – não sabemos de onde vem, nem para onde vai. É como o vento, cuja voz nós ouvimos, sem que possamos identificar sua origem ou prever seu destino...

Como se percebe, a alusão de Jesus ao renascimento não deixa dúvidas, e torna sem sentido qualquer outra interpretação relativa a essa passagem do Evangelho.

Para um exame mais cuidadoso, confira esse *episódio* no Evangelho de João (Capítulo 3, versículo 1 a 12).

Outras referências importantes a respeito do

nosso tema vamos encontrar em algumas passagens evangélicas, segundo as quais João Batista, o precursor de Jesus, é apontado como a reencarnação do profeta Elias.

Antes do nascimento de João Batista, seu pai Zacarias foi avisado de que o filho teria *o espírito e a virtude de Elias.* (Lucas: 1,17).

Mais tarde, quando João envia dois discípulos seus a Jesus, o Mestre proclama abertamente: *Se quereis dar crédito, é este o Elias que havia de vir.* (Mateus: 11,14).

Mais clara, ainda, é a afirmativa de Jesus, no episódio da transfiguração.

Inquirido pelos apóstolos, a respeito da vinda de Elias, antes do Seu sacrifício responde Jesus:

> *Em verdade Elias virá primeiro e restaurará todas as coisas; mas digo-vos que Elias já veio, e não o conheceram, mas fizeram-lhe tudo o que quiseram. Assim farão eles também padecer o Filho do Homem. Então entenderam os discípulos que Jesus lhes falara de João Batista.* (Mateus: 17,11-13).

Ainda outros fatos demonstram que a reencarnação, embora de modo confuso, era admitida pelos judeus.

Por ocasião da morte de João Batista, Herodes disse a seus criados: – *Este é João Batista; ressuscitou dos mortos, e por isso estas maravilhas operam nele.* (Mateus: 14,2).

Outra revelação marcante ocorre na chamada "confissão de Pedro".

O Mestre pergunta aos apóstolos: – Quem diz a multidão que eu sou? E, respondendo eles, disseram: – João Batista; outros, Elias, e outros que um dos antigos profetas ressuscitara.(Lucas: 9,18-19).

Em todas as passagens que acabamos de mencionar, observamos que a palavra ressurreição é empregada em lugar de reencarnação.

Finalmente, devemos reconhecer que, nos Evangelhos, a ideia reencarnacionista aparece de modo impreciso, velado, imperfeito.

Na verdade, caberia ao Espiritismo a tarefa de esclarecer definitivamente a teoria das vidas sucessivas, fazendo dela a espinha dorsal da Terceira Revelação.

Capítulo *03*

A reencarnação e a justiça divina

Comecemos por uma afirmação ousada, mas verdadeira: se não houver reencarnação, não há justiça na Terra, nem existe Deus nos Céus.

Se pela criação se conhece o Criador – tal como pela obra se conhece o artífice – a reencarnação é um pressuposto indispensável para aceitarmos a bondade e a justiça do Supremo Ser, que Jesus nos ensinou a chamar de Pai.

Ora, um pai trata igualmente os seus filhos. E o Pai não criaria alguns filhos dotados de grande inteligência, enquanto outros arrastam a tragédia da debilidade mental ou da idiotia.

Um pai ama igualmente os seus filhos. E o Pai não daria vitalidade e saúde para alguns, e deformidade e doença para outros.

Não, certamente não. Deus é Deus! Deus não

pode ser injusto! Deus é a negação da injustiça!

Constitui heresia imaginar-se um Deus que protege alguns de seus filhos em detrimento de outros, um Criador que, gratuitamente, distribui flores aos filhos que abençoa, e espinhos aos filhos que deserda.

Quem assim pensa não conhece a lição luminosa de Jesus, ou, se a conhece, distorceu-a até os limites do absurdo.

Vamos ler o que disse o Mestre no **Sermão do Monte:**

> *Qual dentre vós é o homem que, pedindo-lhe pão o seu filho, lhe dará uma pedra? E, pedindo-lhe peixe lhe dará uma serpente? Se vós, pois, sendo maus, sabeis dar boas coisas aos vossos filhos, quanto mais vosso Pai, que está nos céus, dará coisas boas aos que as pedirem?* (Mateus: 7,9-11).

Eis aí a realidade: nem a maldade dos homens leva um pai a proceder como inimigo de seu filho. E só uma cegueira absoluta pode fazer supor que o Pai Eterno seja menos justo e generoso do que os homens...

Ora, sendo assim, Deus não pode nos condenar pelo pecado original, que não cometemos, o qual teria sido praticado por nossos hipotéticos "tatarabisavós", Adão e Eva, em um imaginário Paraíso Terrestre.

Da mesma forma, não teria sentido o Pai nos absolver pelo sacrifício de seu filho, Jesus, pois causando o martírio do Cristo a Humanidade poderia somente ter agravado sua culpa.

De fato, se alguém devesse ser condenado por um erro coletivo (erro do qual não participou), cada um de nós (como integrante do gênero humano) deveria ser punido pelo crime de crucificar Jesus.

O fato de um simbólico casal comer a maçã da desobediência (ou, talvez, a maçã do amor) não é nada, comparado à cega brutalidade da multidão que condenou Jesus e absolveu o malfeitor de nome Barrabás...

Uma coisa é certa: a interpretação corrente, habitual desses episódios não faz justiça à Justiça Divina. Aceita essa versão dos fatos, Deus teria errado duplamente: primeiro, ao condenar a Humanidade pelo pecado de Adão e Eva. Depois, por perdoar essa mesma Humanidade em razão de um crime: a morte de Jesus.

A verdade está bem distante dessas fábulas. Está na chave da verdadeira Justiça, que tem o nome de reencarnação ou palingenesia. Com ela, e só com ela, brilha no céu da Verdade a estrela da Justiça Divina, premiando ou corrigindo a cada um, de acordo com suas obras. Por meio dela, como a aranha tece a sua teia, cada homem constrói o seu próprio destino, e atendendo à lei dos sucessivos retornos, acrescenta ao patrimônio de Sabedoria a Virtude dos novos conhecimentos e novas qualidades, a cada reencarnação.

Assim se explica, em definitivo, as enormes diferenças individuais: ao renascer na Terra não somos como folhas em branco, ou almas virginais, sem história anterior.

Ao contrário, somos portadores de qualidades e defeitos acumulados em múltiplas vidas precedentes, trazendo no íntimo de nossa individualidade eterna (o ego, ou o corpo mental), o resumo completo de nosso longo percurso evolutivo, sob a forma de impulsos e tendências.

Assim prosseguimos ao influxo da Lei Divina – lei eterna e imutável, justa e impessoal – como peixes movimentando-se nas águas de um rio.

O rio conduz ao mar, e a Lei Divina encaminha à Perfeição.

A reencarnação é o meio através do qual atingiremos o fim último, para o qual fomos criados: a felicidade de progredir sempre.

Ela significa a eterna possibilidade do recomeço e a incessante renovação das oportunidades de crescimento de que necessitamos para nos transformar de animais superiores em anjos nascituros.

O poeta Antero de Quental fala-nos de Deus e da Justiça Divina em um soneto mediúnico intitulado:

INCOGNOSCÍVEL

Para o Infinito, Deus não representa
A personalidade humanizada,
Pelos seres terrenos inventada,
Cheia, às vezes, de cólera violenta.

Deus não castiga o ser e nem o isenta
Da dor, que traz a alma lacerada
Nos pelourinhos negros de uma estrada
De provação, de angústia e de tormenta.

Tudo fala de Deus nesse desterro
Da Terra, orbe da lágrima e do erro,
Que entre anseios e angústias conheci!

Mas, quanto o vão mortal inda se engana,
Que em sua triste condição humana
Fez a essência de Deus igual a si!

Capítulo *04*

Objeções feitas à reencarnação

É possível resumir em quatro perguntas, as principais objeções que os opositores levantam contra a doutrina das vidas sucessivas.

Veremos, a seguir, que essas contestações têm origem na falta de conhecimento mais apurado do assunto. Explicados os verdadeiros princípios da reencarnação, caem por terra essas dúvidas, tais quais castelos de areia.

Vamos à primeira questão, que pode ser assim formulada:

Muitas pessoas nascem todos os dias. De onde vêm esses espíritos? Com o aumento da população mundial não se acaba o "estoque" dos espíritos?

Vamos iniciar a resposta aproveitando o sábio ensinamento do espírito Emmanuel (Capítulo IX do livro *Roteiro*, psicografado por Chico Xavier e editado pela FEB).

> *Mais de vinte bilhões de almas conscientes, desencarnadas, sem nos reportarmos aos bilhões de inteligências sub-humanas que são aproveitadas nos múltiplos serviços do progresso planetário, cercam o domicílio terrestre, demorando-se noutras faixas de evolução. Para maioria dessas criaturas, necessitadas de experiência nova e mais ampla, a reencarnação não é somente um impositivo natural, mas também um prêmio pelo ensejo de aprendizagem.*

Como vemos do trecho transcrito, para os sete bilhões de habitantes encarnados em nosso Planeta, há mais de vinte bilhões de espíritos desencarnados nas circunvizinhanças da Terra.

Vale dizer que, para cada pessoa existente em nosso mundo, há mais quatro espíritos nas regiões extrafísicas que os circundam.

Além disso, é preciso não esquecer duas realidades: a migração dos espíritos entre os vários mundos habitados, e a ininterrupta Criação Divina.

De fato, a Doutrina Espírita não apregoa apenas a pluralidade das existências. Ensina, igualmente, a pluralidade dos mundos habitados.

Realmente, **O Livro dos Espíritos** menciona,

em seu Capítulo III, que a Terra é apenas um, entre os incontáveis mundos nos quais a vida se desdobra, e *está longe de ser o primeiro, em inteligência, em bondade e perfeição.*

Além do mais, é preciso lembrar que, em consequência da Lei de Evolução, novos espíritos estão sendo continuamente criados.

A Criação Divina não se esgota, incessantemente, gerando novas vidas na Terra assim também em outros mundos...

A segunda questão é a seguinte:

– Uma vez que não recordamos os fatos ocorridos em vidas passadas, de que adiantam nossas reencarnações? Em cada nova existência nós teremos de repetir o aprendizado, começando da estaca zero?

Salvo algumas lembranças esparsas e fragmentárias, não nos recordamos das coisas que nos aconteceram quando tínhamos três ou quatro anos de idade. E, certamente, não nos lembramos do que sucedeu nos dois primeiros anos de nossa vida...

Entretanto, é inegável que essas ocorrências de nossa primeira infância influenciaram nossa formação, refletindo-se em nossa personalidade atual.

Os seguidores da Psicanálise chegam mesmo a afirmar, baseados em sólidos argumentos, que essas coisas não lembradas, ou inconscientes, são as mais importantes de nossas existências.

Fica claro, portanto, que nossas qualidades e defeitos, nossas preferências e aversões, não decorrem apenas dos acontecimentos de que nos recordamos. Eles têm sua origem, também, nas experiências que não figuram em nossa memória, estando aparentemente esquecidas...

Outro argumento pode ser invocado, na mesma linha de raciocínio.

Uma pessoa vem a sofrer amnésia, doença que faz perder a memória. Não recorda o próprio nome, não reconhece seus pais, não se lembra da cidade onde nasceu.

Ora, se esse alguém esqueceu tanta coisa, seria lógico que também se esquecesse de falar, escrever, dirigir automóvel, etc. Contudo, não é assim. Não sabe onde aprendeu a ler, mas sabe ler. Não sabe quem o ensinou a escrever à máquina, mas continua sabendo datilografar. Do mesmo modo, fala, dirige automóvel e comporta-se normalmente. (hoje seria digitar)

Assim também, aquele que reencarna traz em sua memória espiritual o resumo, a essência daquilo que já aprendeu. Não se lembra da ocasião, nem das circunstâncias da aprendizagem, mas traz consigo a síntese do que assimilou em vidas passadas. Conserva as coisas aprendidas de uma forma vaga, genérica, imprecisa, mas real.

De tais lembranças resultam o jeito, o pendor,

o dom para certas coisas. Na verdade, somente temos facilidade e vocação para aquilo que já aprendemos em vidas anteriores...

Durante a encarnação, nosso cérebro físico bloqueia grande parte de nossas lembranças, tal como um abajur reduz o brilho de uma lâmpada. Mas nenhum aprendizado, nenhuma experiência, nenhuma aptidão se perde ao longo da escalada evolutiva.

Perde-se a lembrança, mas não se esquece da lição, como "o lobo que perde o pêlo, mas não perde o cheiro"...

Vamos, agora, à terceira pergunta:

Por que não nos recordamos de nossas vidas anteriores? Não seria melhor lembrá-las?

Em grande proporção, os espíritos se reencarnam para corrigir erros praticados na Terra.

São como delinquentes que voltam à cena do crime, na tentativa de reparar o mal praticado. Ou tais quais alunos repetentes, tornando à mesma série em que deixaram de cumprir seus deveres escolares.

Para tais espíritos, a lembrança do passado acarretaria sensação de vergonha e abatimento. Em vez de encontrarem novas razões para progredirem, ficariam remoendo os fracassos das encarnações anteriores...

Se alguém pratica um crime em certa cidade,

depois de cumprir a pena procura morar em outro local, onde não seja conhecido e não inspire nos outros sentimento de rejeição e de desconfiança.

Prefere viver entre desconhecidos a permanecer em sua cidade, onde todos recordarão seu erro, a cada vez que o virem.

Renascendo, encontramos o ensejo de começar vida nova, sem sermos sobrecarregados pelo passado de erros que nos propomos corrigir. Cumpre lembrar que a reencarnação é também um meio para reaproximar pessoas que se desentenderam, ou se prejudicaram mutuamente, tornando-se inimigas.

Se o passado não fosse esquecido, seria muito difícil aceitarmos, como filho, aquele indivíduo que no passado nos insultou ou defraudou. Seria impossível gostarmos de um irmão, sabendo que em vida pretérita ele nos traiu, ou nos envenenou.

É por isso que, durante a reencarnação, esquecemos o passado, a fim de podermos viver um presente livre e desembaraçado de pesos inúteis.

Finalmente, passemos ao exame da quarta restrição feita à doutrina dos múltiplos renascimentos.

Certas pessoas combatem a teoria da reencarnação, dizendo que ela incentiva o comodismo, a preguiça.

Segundo esse raciocínio, pelo fato de existirem outras vidas, as pessoas poderiam deixar sempre para o futuro a correção de seus defeitos. E não havendo castigos definitivos, pois o princípio da reencarnação elimina a ideia do inferno, ninguém precisaria temer a Justiça Divina.

É fácil demonstrar o erro de tais conjeturas.

De acordo com a doutrina reencarnacionista, todas as nossas ações contrárias à Lei Divina terão de ser corrigidas por nossas próprias mãos.

Deus não castiga seus filhos, mas também não lhes apaga, arbitrariamente, as falhas. Todo erro precisa ser resgatado, pois se paga na mesma moeda, sem possibilidade de fuga, ou de perdão.

Assim, a certeza de que todo mal tem de ser reparado por seu autor, acaba se convertendo em um freio moral mais eficiente do que o receio de um castigo extremo, como as penas do Inferno, por exemplo.

No fundo, quem acredita no Inferno não supõe que vá ser condenado a um castigo tão pavoroso. Por um motivo ou por outro, tem certeza de escapar ao fogo eterno...

Ao contrário, quem acredita na reencarnação, sabe que não poderá fugir às consequências de suas infrações à Lei Divina. Está convencido de que o resgate será inevitável e proporcional à falta cometida.

Os estudiosos da justiça humana, os criminalistas afirmam: não é a severidade da pena que atemoriza o criminoso, mas sim a certeza de sua aplicação.

Uma pena suave, mas certa, intimida mais (afasta mais as pessoas do crime), do que uma pena severa, que comporte a esperança de não ser cumprida.

A própria pena de morte, nos países que a adotam, não consegue evitar o crime, porque o delinquente confia sempre que não vai ser descoberto. A esperança de escapar ao castigo é que incentiva o criminoso a delinquir.

Pelo que foi dito, percebemos que a crença na reencarnação não afrouxa a Justiça de Deus. Somente nos faz entender bem mais a bondade do Pai, que não estabelece penas eternas e cruéis, mas corrige seus filhos usando a dose mínima do remédio necessário.

E é bom repetir: ninguém engana, nem foge à Suprema Justiça. Ela é branda e misericordiosa. Mas é infalível.

Capítulo 05

Provas de reencarnação

$\mathcal{A}$ reencarnação é um fato humano, e por isso não pode ser comprovado pelos métodos experimentais e objetivos das ciências físicas.

Como fato biológico, somente pode ser demonstrada através de indícios ou evidências que, somados em grande número, dão origem à convicção.

Além dessas provas indiretas, que serão enumeradas em seguida, convém dizer, desde logo, que a reencarnação apresenta inegável verdade psicológica: a personalidade de cada um de nós parece exigir ou pressupor a reencarnação. Sem ela, tornam-se inexplicáveis as diferenças individuais, tanto no que respeito aos dotes de inteligência e de caráter, quanto naquilo que se refere ao aspecto emocional das pessoas.

Dito isso, vamos às provas (indiretas) da pluralidade das existências, tentando abranger os seus vários aspectos.

Um indício da reencarnação – quase sempre citado em primeiro lugar – diz respeito à memória de certas crianças que se recordam de uma vida anterior.

Tais casos, bastante raros nos países do Ocidente, são comuns nas civilizações orientais, que aceitam tranquilamente a reencarnação e onde também pessoas adultas, por vezes, apresentam esse fenômeno.

Vários livros já foram escritos acerca do assunto, reunindo casos em que a lembrança das vidas anteriores é rica em detalhes e circunstâncias, além de ter sido confirmada por fatos concretos e por testemunhas.

Vamos buscar um exemplo no livro **Reencarnação Baseada em Fatos**, de autoria de Karl E. Muller.

Caso do Menino Sírio

Fonte: Lionel Oliphant, **The Land of Gilead**, Londres, 1880.

Djebelel Alla, menino de cinco anos, queixou-se da pobreza de seus pais, afirmando ter sido um homem rico em Damasco. Após sua morte, renasceu noutro lugar, mas viveu ape-

nas seis meses, reencarnando em seguida para a vida atual. Solicitou que o levassem para Damasco e, durante a viagem, surpreendeu seus pais com o conhecimento que tinha dos lugares por onde passavam. Ao chegar à cidade, guiou-se pelas ruas até uma casa, declarando que fora sua. Bateu à porta e chamou por certo nome de mulher. Ao ser atendido, foi convidado a entrar e então contou à mulher que fora seu marido, perguntando pelas crianças, parentes e amigos que deixara ao morrer. Os drusos da cidade logo se puseram a investigar a veracidade do caso. Djebel forneceu-lhes um relato completo da sua existência prévia, incluindo o nome de amigos, a propriedade que possuíra e as dívidas que deixara. Tudo foi considerado certo, exceto que nada sabiam a respeito de uma pequena quantia que afirmou ser-lhe devida por um tecelão. Trouxeram o homem que ao ser acusado, alegou que deixara de pagar por motivo de pobreza. O menino perguntou então à mulher, que fora a sua esposa, se achara uma soma em dinheiro que ele escondera no porão. Ao responder que não, dirigiu-se imediatamente ao referido lugar. Contando o dinheiro na frente de todos, verificou-se que era exatamente a quantia mencionada. Sua esposa e os filhos, agora consideravelmente mais velhos que ele, deram-lhe algum dinheiro, após o que retornou à sua casa nas montanhas. Este relato é tipicamente igual a muitos outros. Não foi tão bem documentado quanto o anterior, nem se mencionam nomes ou datas. Pelo fato de sua mulher e o tecelão ainda estarem vivos, o intervalo não deve ter sido muito longo. O primeiro período dificilmente ultrapassou vinte anos, pois o menino afirma ter existido noutra vida durante seis meses. Djebel, dessa forma, renasceu duas vezes, em famílias diferentes. Aqui, igualmente, nenhuma teoria de hereditariedade é aplicável! No presente caso, a vida intermediária de seis meses parece não ter enfraquecido a sua recordação da existência em Damasco.

Outra espécie de evidência reencarnatória consiste na precocidade genial de certas pessoas.

São crianças que, muito cedo, revelam aptidões incompatíveis com suas idades cronológicas. Meninos de 04 ou 05 anos, que demonstram surpreender em conhecimento matemático; meninas que, na fase das bonecas, escrevem poemas, sem preparação literária para tanto; pequenos gênios que se interessam por questões científicas, na idade em que seus amiguinhos nem sequer aprenderam a ler.

Um dos mais célebres casos dessa natureza é o

de Mozart que, aos 04 anos dava concertos públicos ao cravo (instrumento do qual se originou o piano) e, aos 08 compunha peças musicais admiráveis.

De onde lhe vinham o conhecimento musical, a habilidade de instrumentista, o talento de compositor?

Certamente, não aprendera tanta coisa em uma existência que apenas se iniciava...

Uma vez admitida a reencarnação, explica-se o fenômeno. O espírito de um grande músico animava aquele corpo pequenino...

Mozart não estava aprendendo música. Estava apenas recordando...

Outros casos de precocidade extraordinária nós vamos encontrar na conhecida obra de Léon Denis, **O Problema do Ser, do Destino e da Dor.** Dentre eles, reproduziremos três relatos:

Henrique de Heinecken, nascido em Lübeck, em 1721, falou quase ao nascer; aos 2 anos sabia três línguas; aprendeu a escrever em alguns dias e dentro de pouco tempo exercitava-se em pronunciar pequenos discursos; com 2 anos e meio fez exame de Geografia e História antiga e moderna. Seu único alimento era leite da ama; quiseram desmamá-lo, depereceu e extinguiu-se em Lübeck, em 27 de junho de

1725, de 5 para 6 anos de idade, afirmando suas esperanças na outra vida. Era, dizem as 'Mémoires de Trévoux', delicado, enfermiço, e muitas vezes estava doente.

Esta criança fenomenal teve completo conhecimento de seu próximo fim. Falava disso com serenidade pelo menos tão admirável como sua ciência prematura e quis consolar os pais dirigindo-lhes palavras de alento que ia buscar às crenças comuns.

A História dos últimos séculos assinala grande número dessas crianças-prodígio.

O jovem Van der Kerkhouve, de Bruges, morreu aos 10 anos e 11 meses, em 12 de agosto de 1873, deixando 350 pequenos quadros magistrais, alguns dos quais, diz Adolphe Siret, membro da Academia Real de Ciências, Letras e Belas-Artes da Bélgica, poderiam ser assinados por Diaz, Salvatore Rosa, Corot, Van Goyen, etc.

Outro menino, William Hamilton, estudava hebraico aos 03 anos, e aos 07 possuía conhecimentos mais extensos do que a maior parte dos candidatos ao magistério. *Estou vendo-o ainda, dizia um de seus parentes, responder a uma pergunta difícil de matemática, afastar-se depois, correndo aos pulinhos e puxando o carrinho com que andava a brincar.* Aos 13 anos conhecia doze línguas, aos 18 pasmava toda a gente da vizinhança, a tal ponto de um astrônomo irlandês dizer dele: *Eu não digo que ele será, mas que já é o primeiro matemático do seu tempo.*

Mesmo deixando de lado as crianças precoces, como explicar as grandes genialidades que iluminaram a História Humana? De onde vieram os grandes poetas, os pintores excepcionais, os cientistas e escritores notáveis? E os santos? E os heróis?

Vieram, geneticamente, de famílias comuns. Não tiveram, em geral, pais ou ascendentes acima da média. A hereditariedade física não explica, portanto, os dons assombrosos de que foram portadores. Só as conquistas anteriores de seus espíritos podem justificar assim os predicados extraordinários que os imortalizam. Como disse alguém, eles são como "águias alcançando voo de um modesto ninho de pardais".

Em outra linha, próxima à experimentação, situa-se a prova da teoria reencarnacionista pela regressão de memória, em hipnose.

Pessoas hipnotizadas, em sono profundo, podem falar. E, nesse estado, de maior frouxidão de consciência, conseguem lembrar-se de fatos dos quais não se recordam quando acordadas. Isto é sabido desde a época em que o hipnotismo assombrava a Europa, por meio das experiências pioneiras de Charcot.

Pois bem. Pessoas hipnotizadas recordam fatos de sua primeira infância. Mas, algumas vezes, vão além. Passam a se lembrar de fatos que não aconteceram nesta vida, mas em outra vida, anterior à atual. Estas ocorrências não são raras, nem difíceis de acontecer. Surgem, espontaneamente, na experiência de muitos hipnotizadores. Inúmeros casos dessa espécie já foram apresentados em Congressos de Parapsicologia e constam de publicações diversas.

Vamos citar um dos mais conhecidos.

Um livro, que se tornou famoso nos anos sessenta, relatou um caso notável de lembrança reencarnatória.

Tendo por título **O caso de Bridey Murphy**, narrou a experiência de uma jovem senhora americana, Ruth Simons, que em sono hipnótico recordava-se de uma reencarnação vivida na Irlanda.

A jovem não conhecia esse país, mas em transe hipnótico descreveu minuciosamente a cidade onde vivera, há mais de 100 anos atrás. Lembrou-se das casas comerciais onde fazia compras, chegando a dizer o preço de várias mercadorias. Deu o nome da professora da escola onde estudara, do padre que a casara e de um casal amigo, entre muitos outros. Descreveu o trajeto entre a pequena cidade de Cork, onde residia, e a localidade vizinha (Queen) onde seu marido lecionava em uma Faculdade. Forneceu o nome de um minúsculo riacho ali existente, que não consta de qualquer mapa da região. Afinal, o que é mais surpreendente e mais decisivo como prova: hipnotizada, Ruth falava um

dialeto irlandês, cantava (e dançava) canções populares da Irlanda. Canções de um século atrás, chamadas
"gigas matinais"...

A partir de *O caso de Bridey Murphy*, livro
que se tornou sucesso internacional, muitos outros
hipnotizadores obtiveram resultados semelhantes. Não
é o caso de citá-los, seja para não prolongar em dema-
sia este capítulo, seja porque esta obra pretende trans-
mitir uma noção geral acerca de reencarnação, não se
propondo a aprofundar nenhum dos seus aspectos.

Exatamente por isso, deixamos também de
mencionar algumas categorias de provas a respeito da
reencarnação, como sejam o retrocesso da memória
com auxílio de drogas e a hipnose superficial, técni-
cas modernas que trouxeram algumas contribuições ao
tema das vidas sucessivas.

Também por amor à brevidade não me referi
às antigas e clássicas experiências do Mesmerismo, na
sua época denominado magnetismo animal.

Seu criador, Franz Anton Mesmer (1734-
1815), era médico e através de passes magnéticos leva-
va seus pacientes ao sonambulismo.

Nesse estado de sono profundo, as pessoas
magnetizadas revelavam qualidades paranormais (cla-
rividência, telepatia, etc.) e, por vezes, relatavam lembranças de outras existências.

As mais famosas experiências desse gênero

(regressão de memória) foram realizadas pelo magnetizador francês Albert de Rochas, que as publicou em obras muito apreciadas em seu tempo.

O hipnotismo veio mais tarde substituir esse método (com vantagem), e por essa razão preferi não me estender acerca desse assunto, que aqui fica registrado apenas por seu interesse histórico.

Novas provas da reencarnação irão surgir, ocasionalmente, em outros capítulos desta obra.

Capítulo **06**

Por que Deus nos impôs a reencarnação?

Nada conhecemos do Pensamento Divino. Ninguém sabe por que Deus criou os mundos e os seres, como os criou, para que os criou.

Somos tão incapazes de compreender o plano de Deus quanto uma tartaruga é incapaz de entender um problema de matemática ou uma questão filosófica.

Deus é infinito e eterno. Está além do tempo e do espaço. E a razão humana somente é capaz de compreender aquilo que está contido no tempo e no espaço. Portanto, Deus é inacessível à compreensão do homem. Transcende, ultrapassa os limites de nossa inteligência.

A um dos maiores filósofos de todos os tempos – o pensador alemão Emmanuel Kant – nós devemos o conceito de que o tempo e o espaço são os fatores condicionantes da razão.

Em seu famoso livro intitulado **Crítica da Razão Pura**, ele demonstrou que nossa inteligência é um instrumento insuficiente e inadequado para atingir a compreensão de tudo aquilo que ultrapassa as fronteiras do binômio espaço-tempo.

A essas verdades inatingíveis, ou inabordáveis, ele denominou realidades transcendentes. Podemos imaginá-las, ter a intuição delas, mas será impossível demonstrá-las de maneira racional. Sabemos que elas podem existir, mas não há como provar que elas existam de fato. Tais realidades são incognoscíveis. São denominadas coisas transcendentes e incognoscíveis a natureza de Deus, os Seus desígnios, as causas determinadas da Criação, e a finalidade última da Vida. Permanecem como mistérios, ou enigmas, tanto para homens encarnados na Terra quanto para os espíritos libertos.

Isto não acontece porque Deus deseja nos ocultar alguma coisa, mas porque realidades se encontram em dimensões de consciência que nosso raciocínio não consegue atingir.

Não se consegue armazenar água em uma peneira, não é possível prender a luz na concha das mãos. De igual modo, não podemos captar verdades transcendentes por falta de vaso adequado.

Um dia, no futuro distante, nossa evolução

nos permitirá aproximar-nos dessas realidades eternas, pois teremos adquirido novas dimensões de consciência. Por enquanto, só podemos imaginá-las.

Feitas essas considerações, podemos voltar ao assunto central deste capítulo, conscientes de que não temos para ele uma resposta direta. Não sabemos por que a reencarnação é obrigatória para a evolução dos seres, porquanto essa matéria faz parte do Plano Divino. É, por isso, transcendente.

O que podemos é aventar algumas hipóteses.

Creio que a mais plausível delas é que a reencarnação tem a finalidade de valorizar nosso esforço evolutivo.

Realmente, por meio da pluralidade das existências, toda e qualquer qualidade adquirida pelo homem deve-se ao seu próprio mérito.

Nenhum milagre vem alterar a lei universal da evolução. Nenhum poder divino interfere no destino humano. Deus não concede favores gratuitos, nem aplica sanções desnecessárias.

Cada ser é autor do seu destino, escolhendo livremente entre o Bem e o Mal, entre a ascensão e a queda.

É fácil constatar que nossa consciência somente premia com a satisfação e a felicidade, as conquistas que realizamos por meio do esforço e do mérito próprios.

Tudo o que obtemos de favor, sem luta e sem merecimento, não nos causa alegria nem bem-estar.

Pode estar aí a causa da necessidade das vidas sucessivas.

Se Deus nos tivesse criado perfeitos, independentemente de qualquer valor ou esforço nosso, que recompensa nós mereceríamos?

Concedendo-nos tudo de favor, Deus seria como um Pai que afasta seu filho da escola e do trabalho, sustentando-o com uma mesada imerecida.

Qualquer pessoa sensata diria que esse pai está estimulando a ociosidade do filho e retirando-lhe as possibilidades de se desenvolver normalmente.

Talvez por um motivo dessa natureza tenha Deus estabelecido a reencarnação, para que cada ser se torne responsável por seus atos e pelo seu futuro. E, de igual modo, deu-nos a consciência na condição de juiz supremo de nossas ações.

Eis, portanto, uma das possíveis causas da reencarnação. Muitas outras poderiam ser cogitadas, não passando de hipóteses, como a que acabei de apresentar.

O fato inquestionável é ser a reencarnação uma lei universal. Há quem a considere um privilégio, e há quem a julgue uma dura provação, dependendo do ponto de vista. De qualquer maneira, como nos assegura o lema da Doutrina Espírita – *nascer, morrer, renascer ainda e progredir sempre, tal é a lei.*

Com seu filosófico pessimismo, o grande poeta Augusto dos Anjos trata desse tema em um soneto expressivamente denominado:

A LEI

Em reflexões misérrimas, absorto,

Racionava: - O último tormento

É regressar à carne e ao sofrimento

Sem o triste fenômeno do aborto!...

Toda a amargura dalma é o desconforto

De retornar ao corpo famulento,

E apagar toda a luz do pensamento

Nas células de um mundo amargo e morto!...

Mas, uma voz da luz dos grandes mundos,

Em conceitos sublimes e profundos,

Respondeu-me em acentos colossais:

- Verme que volves dos esterquilínios,

Cessa a miséria de teus raciocínios,

Não insultes as leis universais.

Por sua vez, revelando o jovial otimismo que sempre o caracterizou, Casimiro de Abreu vai nos falar a respeito:

A TERRA

Se há noite escura na Terra,

Onde rugem tempestades,

Se há tristezas, se há saudades,

Amargura e dissabor,

Também há dias dourados

De sol e de melodias,

Esperanças e alegrias,

Canções de eterno fulgor!

A Terra é um mundo ditoso,

Um paraíso de amores,

Jardim de risos e flores

Rolando no céu azul.
Um hino de força e vida
Palpita em suas entranhas,
Retumba pelas montanhas,
Ecoa de Norte a Sul.
Os sonhos da mocidade,
As galas da Natureza,
Livre de excelsa beleza
Com páginas de esplendor,
Onde as histórias são cantos
De gárrulos passarinhos,
Onde as gravuras são ninhos
Estampados no verdor;

Onde há reis que são poetas,
E trovadores alados,
Heróis ternos, namorados,
Gargantas de ouro a cantar,
Saudando a aurora que surge
Como ninfa luminosa,
A olhar-se toda orgulhosa
No espelho do grande mar!

Quem vive num éden desses,
É sempre risonho e forte,
Jamais almeja que a morte
Na vida o venha tragar;
Sabe encontrar a ventura
Nesse jardim de pujanças,
E enche-se de esperanças
Para sofrer e lutar.

Se há noite escura na Terra,
Abarrotada de dores,
De lágrimas e amargores,
De triste e rude carpir,
Também há dias dourados
De juventude e esplendores,
De aromas, risos e flores
De áureos sonhos no porvir!...

Capítulo 07

Evolucionismo e reencarnação

$\mathcal{A}$ teoria da evolução das espécies é, atualmente, uma irrecusável verdade científica.

No entanto, seu autor, Charles Darwin, foi violentamente combatido em sua época, pois seus contemporâneos achavam absurda e humilhante a ideia de serem descendentes dos animais inferiores, além de entenderem que o Evolucionismo contrariava ensinamentos bíblicos (como a Criação de Adão e Eva, por exemplo).

Para eles, a teoria de Darwin ofendia, ao mesmo tempo, duas coisas sagradas: a dignidade humana e a fé religiosa.

Mas, agrade ou não à vaidade dos homens e ao dogma religioso, a Verdade sempre acaba prevalecendo. E, atualmente, qualquer pessoa de bom-senso, e dotada de um mínimo de informações, não deixa de aceitar a teoria evolucionista.

Ensina o Evolucionismo que os seres têm sua origem em formas muito simples, elementares, embrionárias. Pouco a pouco, passo a passo, elas vão evoluindo para formas mais adiantadas, mais diferenciadas e mais complexas. Com o passar do tempo, por meio de constantes modificações, essas formas deslocam-se, transmigram, passando pelo reino vegetal e pelo reino animal. Avançam vagarosamente, mas avançam sempre conquistando qualidades novas, em sucessivos aperfeiçoamentos.

Somente após um longo e áspero caminho (e mediante sucessivas transformações), chegou-se à forma humana, a mais evoluída do Planeta. Portanto, o corpo humano é o herdeiro de toda a evolução que se processou nos reinos inferiores da natureza. É o último trecho do extenso caminho percorrido. É o derradeiro produto que se originou do processo evolutivo.

Do mesmo modo um automóvel moderno é descendente do primeiro carro com rodas (inventado pela velha civilização dos Sumérios, milhares de anos atrás), o corpo humano é oriundo dos seres microscópicos mais primitivos, constituídos de uma única célula (os protozoários e as bactérias), que há mais de um bilhão e meio de anos deram início à vida planetária.

Por isso, quando um novo ser humano vem a se formar no útero materno, ele reproduz as sucessivas fases da evolução biológica.

Como dizem os naturalistas, "a ontogênese

repete a filogênese", ou seja, o surgimento do ser repete o surgimento da espécie.

Entendida a evolução dos corpos, vamos à evolução espiritual.

Respondendo a Allan Kardec, o ilustre Codificador de nossa Doutrina, em *O Livro dos Espíritos*, afirmaram as Entidades Espirituais:

> *Deus criou todos os espíritos simples e ignorantes, quer dizer, sem ciência. Deu a cada um determinada missão com o fim de esclarecê-los e fazê-los alcançar, progressivamente, a perfeição, para o conhecimento de verdade e para aproximá-los Dele.*

Aos espíritos simples e ignorantes, isto é, aos mais primitivos e rudimentares, André Luiz denomina "mônadas celestes", e Augusto dos Anjos, "mônadas invisíveis".

Ora, no início da evolução, as mônadas animaram corpos simples e elementares, como elas próprias.

Paulatinamente, gradativamente, foram evoluindo, animando formas orgânicas mais aprimoradas e mais complexas.

Unidos em vidas sucessivas, corpos e espíritos influenciaram-se mutuamente. E, após existência terrena, o espírito sofria novas alterações no Mundo Maior e de lá retornava, transformando, para imprimir modificações no corpo físico. Desse modo, a evolução espiritual dirigiu e acelerou as mutações que permitiram a evolução biológica.

Usemos um exemplo.

Imaginemos um negativo (o espírito) e uma fotografia (o corpo).

Se, depois de cada cópia, retocarmos o negativo, a cópia seguinte será diferente da anterior. Assim também, os "retoques" sofridos pelo espírito no Mundo Causal (na Espiritualidade), após cada vida física, modificaram e fizeram evoluir os corpos, depois habilitados por eles no Planeta.

Foi longo o percurso, desde o reino vegetal até o domínio humano.

André Luiz, o conceituado autor espiritual, afirma que, desde o surgimento da vida na Terra, até se chegar ao homem da Idade da Pedra, um bilhão e meio de anos decorreram. E, desde que o espírito atingiu a condição humana, até agora, passaram-se duzentos mil anos (vide página 36 do livro **Evolução em Dois Mundos**, psicografado por Chico Xavier e Waldo Vieira, e editado pela FEB).

O que já foi dito permite fazer uma observação: o espírito gastou muito mais tempo para chegar ao estágio humano do que para se desenvolver, como homem, da Idade da Pedra até o presente. Vale dizer que nós peregrinamos, por muito mais tempo, reencarnados nos reinos inferiores da Natureza, do que renascendo na espécie humana.

Não é demais repetir: durante *um bilhão e meio* de anos, nós, enquanto espíritos realizamos nossa evolução nos reinos vegetal e animal. E tão somente há *duzentos mil anos* chegamos ao reino da Humanidade.

Ora, um bilhão e meio de anos está para duzentos mil anos assim como um ancião de cem anos de idade está para um bebê de um mês e seis dias de vida... Logo, em termos proporcionais (comparativamente, é claro), nós vivemos cem anos nos reinos inferiores e pouco mais de um mês no gênero humano...

Assusta saber como é longo nosso passado! Durante quanto tempo estivemos envolvidos em experiências grosseiras, mergulhando no mundo sombrio dos instintos, antes de atingirmos a luz da razão! Quantos sinais de animalidade primitiva persistem ainda em nossas personalidades! Como é recente a conquista de nossa racionalidade, e como são frágeis as construções de nossas virtudes humanas!

É indispensável meditar nesses fatos, por meio dos quais podemos avaliar as dificuldades que nos aguardam no caminho evolutivo.

Somente assim verificamos como são ingênuas nossas expectativas de evoluir rapidamente, já que nossas encarnações foram tantas, e ainda nos encontramos tão atrasados.

De fato, no decurso de duzentos mil anos (somente na espécie humana), devemos ter reencarnado em torno de mil vezes. Isto, admitindo que tenhamos gasto duzentos anos entre uma e outra encarnação.

Quem imaginava que nós já tivemos tantas vidas assim?

Em valores relativos, cada nova encarnação corresponde a um passo, no percurso de um quilômetro. Um passo, um mais de mil! E a natureza não dá saltos. Cada passo depende dos passos anteriores e prepara os passos seguintes.

Estas constatações podem nos ajudar a responder a uma pergunta frequentemente feita: – Quanto nós podemos evoluir em uma única reencarnação?

Se considerarmos que já tivemos, mais ou menos, mil existências, o lógico é que, em uma encarnação possamos progredir na proporção de um para mil, ou seja, o que equivale a juntar um novo selo a uma coleção de mil...

Consequentemente, de uma para outra encarnação, o progresso jamais poderá ser muito grande, o que nos permite responder aos que desejam saber como foram e o que fizeram na última existência: *Vocês foram muito semelhantes ao que são agora, e fizeram coisas muito parecidas com as que fazem agora.*

É claro que, em certas encarnações, por nosso excepcional esforço no Bem ou por termos sofrido provações muito reparadoras, poderemos ter progredido além da média, uma vez que a evolução espiritual não é um dado matemático.

Pela mesma razão, em algumas vidas poderemos ter estacionado, até mesmo acumulando erros que irão sobrecarregar nossas experiências futuras.

No entanto, em qualquer hipótese, será sempre estreita a ligação entre uma e outra existência. Não poderá haver um abismo entre elas.

Se você é uma pessoa comum; se foi um aluno igual aos outros; se não tem um notável talento artístico e não é excepcional em atividade alguma, não acredite se lhe disserem que já foi um grande vulto da Humanidade, portador de um nome glorioso. Mas, em compensação, se você é um indivíduo honesto e bem-intencionado, pode estar certo de que não foi um desordeiro, um ladrão ou um marginal na vida precedente a esta.

O carvão não se transforma em diamante de uma hora para outra, mas nem por isso a Natureza deixa de trabalhar incessantemente com esse propósito. E, um dia, a metamorfose se completa.

Tudo o que foi dito a respeito da identidade (mantida de uma para outra existência), é verdadeiro para nossas qualidades pessoais, mas não, para nossas condições sociais.

Nosso mundo íntimo não se modifica sensivelmente de uma vida para outra, mas as circunstâncias exteriores podem alterar-se enormemente.

Não podemos ser honestos em uma encarnação e desonestos em outra. Mas, podemos ser muito ricos em uma vida e extremamente pobres em outra.

O que somos não muda muito, porém o que temos varia bastante.

Para adquirirmos experiência e conhecimento, temos de enfrentar situações de todos os tipos, e ninguém recebe vantagens e privilégios da Lei Divina.

Feito esses esclarecimentos, podemos ouvir a mensagem luminosa de um poeta.

Do livro **Parnaso de Além-Túmulo**, vamos reproduzir as três primeiras estrofes do poema mediúnico *VOZES DE UMA SOMBRA*, de autoria de Augusto dos Anjos.

Donde venho? Das eras remotíssimas,

Das substâncias elementaríssimas,

Emergindo das cósmicas matérias.

Venho dos invisíveis protozoários,

Da confusão dos seres embrionários,

Das células primevas, das bactérias.

Venho da fonte eterna das origens,

No turbilhão de todas as vertigens,

Em mil transmutações, fundas e enormes;

Do silêncio da mônada invisível,

Do tetro e fundo abismo, negro e horrível,

Vitalizando corpos multiformes.

Sei que envolvi e sei que sou oriundo

Do trabalho telúrico do mundo,

Da Terra no vultoso e imenso abdômem;

Sofri, desde as intensas torpitudes

Das larvas microscópicas e rudes,

À infinita desgraça de ser homem.

Do mesmo livro, escolhemos quatro estrofes do poema *MARCHEMOS*, ditada por Castro Alves.

Há mistérios peregrinos

No mistério dos destinos

Que nos mandam renascer:

Da luz do Criador nascemos,

Múltiplas vidas vivemos,

Para à mesma luz volver.

É a luta eterna e bendita,
Em que o Espírito se agita
Na trama da evolução;
Oficina onde a alma presa
Forja a luz, forja a grandeza
De sublime perfeição.

É a dor que através dos anos,
Dos algozes, dos tiranos,
Anjos puríssimos faz,
Transmutando os Neros rudes
Em arautos de virtudes,
Em mensageiros de paz.

Uma excelsa voz ressoa,
No Universo inteiro ecoa:
Para a frente caminhai!
O amor é a luz que se alcança,
Tende fé, tende esperança,
Para o Infinito marchai!

Capítulo **08**

A reencarnação e o corpo físico

No entender da Espiritualidade Superior, o corpo físico é, ao mesmo tempo, luz e sombra, templo e cárcere do espírito.

De um lado, ninguém põe em dúvida sua enorme utilidade para a sublimação da alma. Sabe-se que, como instrumento de progresso moral, o corpo não é apenas útil. Mais do que isso, ele é necessário e indispensável. Pode ser comparado ao arado do lavrador, à máquina do operário, ao livro do estudante. É o barco no qual atravessamos o rio da vida...

Por outro lado, concordam todos que o corpo limita e dificulta as manifestações da alma, estreitando suas percepções. Sob esse aspecto, atua como fardo difícil de carregar.

Faz pensar em um atleta, obrigado a correr a maratona usando terno, gravata e sapatos de verniz...

Com alguma imprecisão e irreverência, podemos dizer que o corpo é um mal necessário para a evolução do espírito. Muito útil e muito incômodo.

Por meio de dois escritores desencarnados – o poeta Augusto dos Anjos e o prosador Emmanuel – vejamos os diferentes ângulos pelos quais se pode considerar humano.

Emmanuel descreve o corpo tal qual a sublime oficina da alma encarnada. De seu livro **Roteiro** (psicografado por Chico Xavier e editado pela FEB) extraímos as frases seguintes:

01. *O corpo é para o homem, santuário real de manifestação, obra-prima do trabalho seletivo de todos os reinos em que a vida planetária se subdivide.*

02. *Raros estudiosos se recordam dos prodígios do corpo humano, realização paciente da Sabedoria Divina, nos milênios, templo da alma, em temporário aprendizado na Terra.*

03. *A bênção de um corpo, ainda que mutilado ou disforme, na Terra, é como preciosa oportunidade de aperfeiçoamento espiritual, o maior de todos os dons que o nosso Planeta pode oferecer.*

Já Augusto dos Anjos vê o corpo como uma ilha selvagem, onde o espírito cumpre pena de exílio.

Para ele, o corpo humano é *lama de sangue e cal que se aniquila nos abismos do Nada, é o cárcere de lágrima e penúria, é o escafandro das células escravas.*

Voltar à carne, renascer,

> [...] *é ter alma – centelha, luz e chama – amalgamada em pântanos de lama, em sexualidades e histerismos. É misturarmos clarões de sentimentos entre vísceras, nervos, tegumentos, na agregação da carne. É prendermo-nos ao fogo dos instintos. É enegrecermos luminosidades, na macabra esterqueira dos tumores.*

Acabamos de examinar duas visões opostas. Podemos vê-las unidas no magistral soneto de Cruz e Souza, cujo título é:

CORPO

> *Carne! Vaso de dor, sinistro e belo,*
>
> *Estruturado em grânulos de escória,*
>
> *Relicário de lama transitória,*
>
> *Tugúrio estreito e fúlgido castelo!*

Assinalas, em lúgubre duelo,

O bem e o mal na cinza merencória;

Mas eleva o lodo para glória,

Da sombra à luz, em trágico flagelo.

Louvor à encarnação que te sustenta,

Lâmpada de amargura ansiosa e lenta,

Ergástulo do amor puro e profundo!...

És a humana e arcangélica fornalha,

Templo e gleba onde Deus sonha e trabalha

Santificando as lágrimas do mundo!...

Após a lição em versos, reproduzida da obra **Poetas Redivivos**, vamos aprender com Emmanuel. Em seu já citado livro **Roteiro**, encontramos a esclarecedora mensagem intitulada:

NO PLANO CARNAL

Isolados na concha milagrosa do corpo, o espírito está reduzido em suas percepções a limites que se fazem necessários. A esfera senso-

rial funciona, para ele, à maneira de câmara abafadora. Visão, audição, tato, padecem enormes restrições. O cérebro físico é um grande gabinete escuro, proporcionando-lhe ensejo de recapitular a reaprender. Conhecimentos adquiridos e hábitos profundamente arraigados nos séculos aí jazem na forma estática de intuições e tendências. Forças inexploradas e infinitos recursos nele dormem, aguardando a alavancada da vontade para se externarem no rumo da superconsciência. No templo miraculoso da carne, em que as células são tijolos vivos na construção da forma, nossa alma permanece provisoriamente encerrada, em temporário olvido, mas não absoluto, porque, se transforma consigo mais vasto patrimônio de experiência, é torturada por indefiníveis anseios de retorno à espiritualidade superior, demorando-se, enquanto no mundo opaco, em singulares e reiterados desajustes. Dentro da grade dos sentidos fisiológicos, porém, o espírito recebe gloriosas oportunidades de trabalho no labor de auto-superação. Sob as constrições naturais do plano físico, é obrigado a lapidar-se por dentro, e consolidar qualidades que o santificam e, sobretudo, a estender-se e a dilatar-se em influência, pavimentando o caminho da própria elevação. Aprisionando no castelo corpóreo, os sentidos são exíguas frestas de luz, possibilitando-lhe observações convenientemente dosadas, a fim de que valorize, no máximo, os seus recursos no espaço e no tempo. Na existência carnal, encontra multiplicados meios de exercícios e luta para a aquisição dos dons de que necessita para respirar em mais altos climas. Pela necessidade, o verme se arrasta das profundezas para a luz. Pela necessidade, a abelha se transporta a enormes distâncias, à procura de flores que lhe garantam o fabrico do mel. Assim também, pela necessidade de sublimação, o espírito atravessa extensos túneis de sombra, na Terra, de modo a estender os poderes que lhe são peculiares. Sofrendo limitações, improvisa novos meios para a subida aos cimos da luz, marcando a própria senda com sinais de uma compreensão mais nobre do quadro em que sonha e se agita. Torturado pela sede de Infinito, cresce com a dor que o repreende e com o trabalho que santifica. As faculdades sensoriais são insignificantes réstias de claridade descerrando-lhes leves notícias do prodigioso reino da luz. E quando sabe utilizar as sombras do palácio corporal que o aprisiona temporariamente, no desenvolvimento de suas faculdades divinas, meditando e agindo no bem, pouco a pouco tece as asas de amor e sabedoria com que, mais tarde, desferirá venturosamente os voos sublimes e supremos na direção da eternidade.(sic)

Falou Emmanuel. Não há nada a acrescentar.

Capítulo 09

Corpo e espírito na reencarnação

*D*urante a encarnação, quem predomina?

Quem influencia de maneira preponderante essa associação espírito-corpo?

Muito se tem discutido a respeito na Doutrina Espírita e fora dela, sem se chegar a um consenso ou acordo.

Entendem alguns que é absoluta a predominância da alma. Outros preferem admitir que exista influência recíproca, de certo modo equilibrando a ascendência, ora de um, ora de outro.

Costuma-se comparar o binômio espírito-corpo com a relação existente entre o músico e seu instrumento.

Creio, no entanto, que a comparação é insatisfatória, pois o violino ou o piano são demasiado passivos, na relação mantida com o instrumentista que os executa.

O corpo, ao contrário, tem seu dinamismo, sua força própria. Não é passivo, nem inerte, pois os instintos lhe dão vida.

O corpo tem fome, sede, sono, impulso sexual. E isto, em consequência de causas orgânicas, fisiológicas.

Não se nega que mesmo essa parte instintiva do corpo esteja sujeita à influência da mente, e, portanto da alma. Mas, nem por isso, os instintos deixam de ter vida autônoma, de existir por si próprios, independentemente do psiquismo a que se subordinam.

Consequentemente, se o corpo não é inerte, nem passivo, torna-se necessário comparar o binômio corpo-espírito com dois elementos vivos.

Talvez a melhor analogia, a comparação mais adequada, seja com a dupla cavalo-cavaleiro.

No vocabulário hípico, essa dupla é chamada *conjunto*, o que exprime a íntima associação e interinfluência existentes entre o cavalo e a sua montaria.

Ora, o bom cavaleiro (o espírito evoluído) domina seu animal (o corpo). E o mau cavaleiro (o espírito inexperiente ou desequilibrado) tem maior dificuldade em dirigir seu cavalo (o corpo).

O espírito superior saberá dominar os instintos corporais. Já o espírito involuído sofrerá grande influência dos instintos, muitas vezes mostrando afinidade com eles, pois a alma também possui suas inclinações inferiores. Realmente, seria absurdo atribuir ao corpo tudo o que é negativo em nossa personalidade, quando a absoluta maioria dos impulsos primitivos, das más tendências e dos apetites grosseiros que caracterizam nosso modo de ser e de agir não têm sua origem na carne transitória, mas sim no espírito imortal.

Nossas almas abrigam ainda, a par de muitas inclinações retrógradas, certa nostalgia ligada ao passado selvagem – algo que se pode chamar de "volúpia da lama".

É fácil, mas é errôneo, confundir essas "ânsias retroativas" do espírito com as fraquezas e exigências da carne.

Parece que ao corpo pertencem, tão somente, alguns instintos básicos, ligados à conservação biológica. Tudo o mais é atributo e patrimônio da alma, como nos ensinam os livros de André Luiz. Neles, observamos que também os espíritos enfrentam problemas relacionados com vícios e paixões (aparentemente carnais) e, embora desvencilhados do corpo físico, sentem impulsos tais quais: o da fome, da sede, do desejo de fumar, beber, etc.

O apóstolo Tiago – notável por seu senso de observação e pelo humos de seus escritos – lembra-nos em sua primeira epístola que: [...]*ninguém, sendo tentado, diga: por Deus sou tentado; porque Deus não pode ser tentado pelo mal, e a ninguém tenta. Mas, cada um é tentado, quando atraído e enganado pela sua própria concupiscência.* (Tiago: 1,13-14).

Do mesmo modo, nosso espírito não é tentado pelo corpo, a não ser quando atraído pela mesma emoção inferior, pela mesma luxúria, pela mesma incontinência, pela mesma concupiscência.

O problema é a sintonia, identificação e cumplicidade: as vontades se conjugam para o mesmo fim.

Retornamos ao nosso problema central.

Diante das muitas variações possíveis na conjugação alma-corpo, é perigoso fazermos afirmações gerais. Cada caso tem seus aspectos próprios.

Algumas vezes, a predominância da alma atingirá o limite da santidade. Em certos casos, o santo pode levitar seu corpo, prescindir do sexo, ou chegar a exibir chagas semelhantes às de Jesus, no fenômeno da estigmatização. É o total domínio do espírito sobre a matéria.

No extremo oposto, certos corpos poderão apresentar tantas deficiências, que praticamente impossibilitem a manifestação dos espíritos que os habitam. É o caso dos portadores de anormalidades cerebrais gravíssimas, tais quais: a paralisia cerebral, a Síndrome de Down e tantas outras.

Um cérebro profundamente lesado é como um piano de cordas muito desafinadas (ou, talvez, um piano sem teclas). O músico não consegue extrair sons desse instrumento. Não existem as condições imprescindíveis para se fazer música.

Assim também o defeito orgânico muito grave, bloqueando a manifestação do espírito, cria uma insuperável dificuldade para que este se expresse adequadamente.

Podemos concluir, portanto, que, excetuados os casos extremos, durante a reencarnação, o espírito e o corpo têm funções específicas e destinos associados.

Parecem-se, realmente, com o cavaleiro e seu cavalo...

Capítulo **10**

O ator e os personagens na reencarnação

Imaginemos um ator de novelas. Ele representa, sucessivamente, numerosos papéis. Em cada novela vive uma situação diferente, tem nome diferente e ocupa diferente posição social.

O ator é sempre o mesmo. Mudam os personagens, os cenários, os enredos. O ator é o mesmo.

Cada vez que representa um personagem, o ator influencia o personagem e, de certo modo, o personagem influencia o ator. Existe uma relação entre o ator e *aquele personagem*.

Não existe, entretanto, qualquer relação entre o personagem atual e os personagens das novelas anteriores, que o ator representou.

Repetindo: só existe ligação entre o ator e os personagens. Não há ligação entre os personagens.

O nome do ator é Tarcísio. Representou, sucessivamente, três papéis. Seus personagens receberam os nomes de José, Lúcio e Davi.

A relação se estabeleceu deste modo: Tarcísio – José; Tarcísio – Lúcio; Tarcísio – Davi.

Entre os personagens José, Lúcio e Davi não existe associação. Não existe vínculo.

Tarcísio é o espírito que reencarnou três vezes, nos corpos de José, Lúcio e Davi.

Terminada a novela em que foi José, voltou a Tarcísio, até que iniciou outra novela, em que foi Lúcio. Terminada esta, voltou a ser Tarcísio novamente, até viver o personagem Davi.

Tarcísio viveu em três corpos. Só ele reencarnou. José não renasceu em Lúcio, nem este em Davi.

Somente Tarcísio, o ator, o espírito, reencarnou e viveu através dos três personagens.

Observemos, no entanto, que ao representar vários personagens, o ator aprimorou sua arte, aperfeiçoou-se. Essas qualidades novas passaram a compor, a integrar a personalidade de Tarcísio. Na novela seguinte, sua representação foi ainda melhor. Tarcísio foi (por meio dos personagens), melhorando sua *essência*.

Os personagens, por serem transitórios, desapareceram após cada novela.

O ator e o espírito. A ele pertence a síntese do

aprendizado, a essência. Aquilo que o vinho é para a uva. Aquilo que o álcool é para a cana-de-açúcar.

O vinho é que vai para a garrafa, não a uva. O espírito vai para o novo corpo, não o personagem anterior. Quem encarna é o "ego".

A palavra latina "ego" significa o "eu", a personalidade íntima, aquilo que somos. Neste sentido é usada pela doutrina reencarnacionista. Não tem relação nem semelhança com o ego da Psicanálise.

Dito isto, podemos perguntar:

– O que é ego?

Em um soneto mediúnico, o poeta Augusto dos Anjos diz que *o ego é o alento, flâmeo e forte, da luz mental, que a morte não consome.*

Vemos que se trata de algo muito imaterial, pois o poeta o compara à luz. Em seguida, parecendo ainda insatisfeito com a luz, Augusto dos Anjos completa a definição do "eu", como o *alento da luz mental.*

O ego é, portanto, o alento da luz mental!

A algumas linhas atrás foi dito que a essência que reencarna é para a personalidade aquilo que o vinho é para a uva.

Diante da lição que nos dá o poema, seria melhor dizer: o que o cheiro do vinho é para a uva.

Reflitamos, agora, a respeito daquilo que levamos de uma para outra encarnação. Afinal, em que consiste nossa bagagem espiritual?

De maneira bem genérica, levamos de uma para outra existência aquilo que somos; e levamos aquilo que temos.

Não levamos beleza física, posição financeira, cultura, hábitos sociais – tudo que é acessório e circunstancial em nossa personalidade.

Levamos a inteligência, o caráter, a afetividade e o temperamento – aquilo que é essencial em nossa individualidade.

Desses quatros fatores, principalmente, compõem-se nossa bagagem, ou nosso patrimônio espiritual.

É isso que carregamos, permanentemente, de vida em vida, no íntimo de nossa individualidade, nos recessos mais profundos de nossa consciência espiritual: "o subjetivismo das essências"...

Vamos invocar, mais uma vez, o testemunho de Augusto dos Anjos, transcrevendo desse profeta da Espiritualidade o soneto intitulado:

A SUBCONSCIÊNCIA

Há, sim, a inconsciência prodigiosa
Que guarda pequeninas ocorrências
De todas as vividas existências

Do Espírito que sofre, luta e goza
Ela é a registradora misteriosa
Do subjetivismo das essências,
Consciência de todas as consciências,
Fora de toda a sensação nervosa.

Câmara da memória independente,
Arquiva tudo rigorosamente
Sem massas cerebrais organizadas,

Que o neurônio oblitera por momentos,
Mas que é o conjunto dos conhecimentos
Das nossas vidas estratificadas.

Capítulo 11

A reencarnação e o aprendizado

Várias vezes temos dito que a reencarnação constitui um meio educativo, um processo de aperfeiçoamento dos espíritos.

Vamos indagar agora: – Como é que o espírito aprende? Como é que o espírito incorpora as lições da vida?

Do ponto de vista reencarnatório, aprender significa transformar experiências vividas em qualidades assimiladas, ou seja, converter esforço educativo em virtude pessoal.

Este tipo de aprendizado baseia-se na repetição das experiências. Adquirimos qualidades, na reencarnação, como aprendemos a escrever à máquina, ou a tocar um instrumento musical. (hoje seria digitar)

No começo, tudo é desajeitamento. A necessidade de concentração e o esforço são totais, e os erros são frequentes. Pouco a pouco, vamos adquirindo mais facilidade e erramos menos.

Finalmente, conseguimos a espontaneidade. Precisamos de um mínimo de atenção e não erramos mais. Conquistamos a aptidão. A virtude incorporou-se à personalidade. Assimilamos o aprendizado.

Observemos um músico executando o seu instrumento.

Sem qualquer esforço aparente, seus dedos percorrem as escalas, como se não dependessem do comando mental do artista.

O executante parece envolvido nas ondas da harmonia, com o olhar perdido em um lugar longínquo, enquanto seu corpo, suavemente, acompanha o ritmo da peça musical.

Nada faz pensar no dispêndio de atenção e esforço.

Ao presenciarmos uma cena desse gênero é que costumamos fazer projetos de aprender música, já que tudo parece fácil, tão espontâneo, tão intuitivo!

Mas acontece que as aparências enganam...

Por trás daquele espetáculo de naturalidade existem longos anos de penoso e árduo trabalho. Há muita renúncia a passeios e a distrações, muitos dias de cansaço e desânimo, muita decepção acumulada.

Por isso, em uma entrevista, através da televisão, ouvi o nosso famoso e bem-sucedido Tom Jobim afirmar que, em certo sentido, lamentava o tempo que gastara estudando piano.

– *O instrumentista é um solitário* – disse ele.

Perceba-se, no desabafo do artista, quanto sacrifício se oculta nos bastidores do talento e da glória!

E a gente supondo que seja muito fácil e muito gostoso dedilhar o piano...

Situações muito semelhantes nós iremos encontrar nas mais diversas atividades humanas, desde aquela que garante a medalha de um atleta olímpico, até a que dá origem a um Prêmio Nobel de Ciência.

Cada vitória exige um alto preço, traduzido em sacrifício e trabalho, e cada qualidade, desde a mais simples à mais complexa, é adquirida mediante tentativa e erros, exaustivamente repetidos.

Tanto isso é verdade para o talento artístico, quanto para a virtude moral e a aptidão intelectual.

O dom para Matemática significa muitas vidas dedicadas aos números e às equações, e a honestidade de um homem significa muita resistência contra a tentação do ganho fácil, em existências sucessivas.

Diz o benfeitor Emmanuel, em uma de suas obras, que *o tempo não respeita as construções que não ajudou a edificar.*

Sendo assim, o tempo haverá de respeitar nossas qualidades pessoais, tão demoradamente conseguidas e tão lentamente incorporadas à nossa personalidade...

Até aqui, falamos da aquisição de virtudes, da assimilação de qualidades.

Vamos agora tratar da correção de antigos vícios e falhas morais, fato que constitui um dos objetivos da reencarnação.

Se fizermos um exame de consciência, verificaremos que nossa personalidade apresenta pontos fracos, lacunas morais, imperfeições evidentes.

Na verdade, nosso progresso não é proporcional e uniforme em todas as direções.

Somos tais quais alunos de uma escola, fortes em certas matérias e fracos em outras. Isso faz parte de nosso estágio evolutivo e, de certo modo, é natural.

Porém, se é necessário estudar mais intensamente as disciplinas em que temos notas baixas, é preciso nos aplicar na laboriosa correção de nossos mais graves defeitos.

Antes de voltarmos ao cenário da Terra, fazemos mil projetos de mudança pessoal.

Reconhecemos nossas carências – reveladas nas sucessivas encarnações – desejamos, sinceramente, libertar-nos dos defeitos que nos envergonham e deprimem.

Ansiando pela renovação íntima, voltamos ao

campo de batalha carnal, compenetrados da necessidade de demonstrarmos nossa coragem e nosso valor.

No entanto, outra vez revestidos da carne, com seus perturbadores instintos; outra vez distantes dos protetores benévolos, e outra vez submetidos às tentações do dinheiro e da vaidade, do comodismo e do sexo, costumamos ter enorme dificuldade em não recair nas velhas doenças, e reincidirmos em conhecidos delitos morais.

Podemos estar certos de que o passado falará alto em nossas inclinações e tendências. Vozes de sereias, vindas das ilhas de nosso mar interior, estarão tentando nos atrair para os escolhos dos antigos desvios de conduta.

Por vezes, também as circunstâncias exteriores irão conspirar e contribuir para nos testar as resistências, já bastante frágeis por natureza. No entanto, jamais nos faltará o amparo do Alto!

Se quisermos, afetivamente, eliminar nossos velhos fantasmas e superar nossos inveterados defeitos, com certeza nós teremos condições para vencê-los, pois como disse o apóstolo Paulo, divinamente inspirado: *Se Deus é por nós, quem será contra nós?*

Vamos a um poema mediúnico que trata desse assunto. Foi escrito por Rodrigues de Abreu, e tem por título:

RENASCIMENTO

O que sentes agora,

Já sentiste.

O que pensas agora,

Já pensaste.

O que dizes agora,

Já disseste.

E aquilo que desejas

Novamente fazer,

Muita vez já fizeste.

Resguarda, assim, o sonho

De luz e de beleza

Que bebeste na altura,

Para a nova jornada,

Sentindo no amor puro,

Pensando de alma reta e renovada,

Falando com nobreza,

E conservando, em suma, a lei do bem de cor,

A fim de que realizes a bondade

Para a Vida Maior.

Todo berço na Terra é novo marco...

E a alma reencarnada é como a estrela

Refletida no charco.

Capítulo 12

Reencarnação, livre-arbítrio e determinismo

O assunto deste capítulo é bastante complexo. Pertence ao campo da Filosofia e das religiões e há séculos vem sendo debatido, sem que se chegue a uma solução aceitável.

Pretendo apresentá-lo aqui com a máxima clareza possível, simplificando os conceitos e os argumentos.

Observa-se, desde logo, que duas correntes disputam a solução do problema da liberdade das ações humanas.

Afirma a primeira que o homem possui inteira liberdade na construção de seu destino: cada indivíduo escolhe o Bem ou o Mal, por meio de um ato de livre vontade.

Por defender a crença na liberdade do comportamento humano, essa corrente filosófica recebe o nome de escola do livre-arbítrio, pois arbítrio significa vontade. Seus partidários entendem que nada obriga os indivíduos a seguirem para a direita ou para a esquerda, ou para escolherem entre o certo e o errado. A consciência mostra a cada qual o que deve fazer, e a vontade lhe permite agir livremente.

Quem erra, erra porque quer. Quem acerta, acerta porque quer. O destino do homem é livre como o voo de um pássaro.

Em posição totalmente oposta aos defensores do livre-arbítrio, vamos encontrar a corrente do determinismo filosófico. Segundo esta, nossa liberdade de escolha é apenas aparente. No fundo, não passa de uma grande ilusão, pois certas causas *determinam* as opções que fazemos.

Fatores estranhos à nossa consciência e alheios à nossa vontade, por assim dizer, obrigam-nos a agir de um modo e não de outro.

Um conjunto de forças nos arrasta, queiramos ou não, a proceder de um modo determinado. Nosso destino é o resultado desses fatores, e não da vontade individual. O homem é um joguete, obedecendo às forças incontroláveis.

Entre os deterministas, existem os que atribuem mais influência à hereditariedade, enquanto outros entendem que o meio ambiente pesa mais decisivamente nos destinos humanos.

Os primeiros acreditam que o homem recebe uma herança genética da qual não pode fugir. Ao nascer, o homem já carrega o próprio destino, como a semente traz em si o projeto da futura árvore.

Alguns ditos populares reafirmam essa ideia de que cada pessoa já vem ao mundo com suas características fundamentais: "o que é bom, nasce feito", "filho de peixe, é peixinho", "pau que nasce torto, tarde ou nunca se endireita".

Em suma. Essa corrente admite a predominância absoluta da hereditariedade sobre a conduta das pessoas.

Já a segunda corrente determinista, que podemos chamar de mesológica, afirma que o homem é um produto do meio. Para ela, o ambiente é que determina a personalidade humana, modelando-a, como o oleiro modela a argila.

Seus seguidores não acreditam que os homens nasçam muito diferentes entre si. Acham que, primeiramente a família, e depois a sociedade são as estruturas responsáveis pelas diferenças individuais. O meio bom gera o homem bom. O ambiente mau gera o homem mau.

Os deterministas partidários da hereditariedade acreditam que a árvore (no caso, o homem) depende da semente. Os defensores da influência do meio entendem que a árvore (representando o homem) depende da Terra em que a semente é plantada.

Feitas estas considerações, vamos à posição espírita.

Com quem estará a verdade?

A verdade está na conjugação das duas correntes tradicionais: o homem não tem liberdade absoluta, nem é determinado de modo absoluto.

Segundo a doutrina espírita, cada pessoa ao nascer ou (renascer), traz consigo um patrimônio muito grande, acumulado em vidas anteriores.

Em consequência disso, sua vida atual vai sofrer grande influência de suas existências precedentes.

Suas virtudes, seus defeitos, suas aptidões e suas falhas (que irão aparecer na fase adulta), não serão unicamente o produto das experiências da vida atual. Eles serão o resultado das vivências de encarnações passadas e da presente encarnação. Até aqui, estamos no domínio do determinismo. O passado distante e o passado próximo gerando o presente.

Exemplifiquemos: um homem de 50 anos é o resultado de suas vidas anteriores, mais o meio século de sua existência atual. Por outro lado, no presente, este homem está exercendo sua liberdade de escolha. Pode fazer o Bem ou o Mal, segundo sua vontade e seu grau de evolução. Optando por uma coisa ou outra, está influindo em seu futuro.

Nesse sentido, o presente é consequência do passado e causa do futuro.

Tentemos agora analisar o grau de liberdade de que desfrutamos na atual encarnação, usando para isso um exemplo.

Imaginemos um aluno do sétimo ano do ensino fundamental.

O seu aproveitamento escolar, nessa série, depende, de certa forma, dos conhecimentos que adquiriu nos seis anos anteriores. Caso tenha sido um mau aluno em todos os anos precedentes, ainda que se esforce não conseguirá ser o melhor aluno do sétimo ano. Por outro lado, se desanimar, negligenciando os estudos, será um péssimo aluno, nesse ano, e ainda pior, no ano seguinte. Finalmente, caso estude bastante, poderá ser um aluno razoável nesse ano, tendo condições de progredir ainda mais no próximo ano.

Resumindo, pode-se dizer que o presente do aluno depende de seu passado e que, no presente, ele está construindo o futuro.

Sofre o *determinismo* do passado e, com seu *livre-arbítrio* prepara o porvir.

Gozamos, pois, de livre-arbítrio relativo, condicionado, parcial, segundo esclarece a Doutrina Espírita.

Ainda que eu adore a música, a ponto de dedicar a ela todas as horas do meu dia, jamais serei um instrumentista de alto nível se não nasci com talento musical. Para ser grande músico, não basta o empenho, é preciso engenho...

No entanto, nada me impede de aprender música e de ser um instrumentista aceitável.

O empenho, nesta encarnação, vai se transformar em "engenho e arte" nas vidas futuras.

Capítulo 13

A reencarnação e a lei do carma

O carma, assim também outros conceitos religiosos originários do Oriente, não tem um significado único e não escapa à nebulosidade habitual na linguagem mística.

Usando apenas a racionalidade, que caracteriza os povos ocidentais, talvez nunca entendamos o sentido integral dessa palavra, tão carregada de nuances e de símbolos.

Continuaremos a considerá-la sinônima de destino, ou algo parecido, pois tudo indica que ela envolva outras conotações, mais ricas e complexas.

De qualquer modo, vou falar do carma e da sua lei.

Veremos que a lei do carma é menos difícil de entender do que o conceito do carma, em si mesmo. É uma lei estreitamente ligada à reencarnação. A primeira se realiza através da segunda. São as filhas gêmeas da Justiça Divina.

Na definição em **Novo Dicionário Aurélio** o carma significa:

> *[...] nas filosofias da Índia, o conjunto das ações dos homens e suas conseqüências. Liga-se o carma às diversas teorias de transmigração, e por meio dele se definem as noções de destino, do desejo como força geradora do destino e do encadeamento necessário, por força destes dois fatores, entre os diversos momentos da vida dos homens.*

Pelo carma – podemos dizer – o presente torna-se filho do passado e pai do futuro. Isto porque o conjunto de nossas ações passadas deu origem ao nosso presente, do mesmo modo nossas ações atuais estão gerando nosso porvir. Disso decorre o *encadeamento entre diversos momentos da vida dos homens.*

Nos países ocidentais, a lei do carma é também chamada Lei de Causa e Efeito, Lei de Ação e Reação, e Lei do Retorno.

A ela se refere a sabedoria popular, quando afirma: "quem planta, colhe", quem semeia ventos, colhe tempestades".

Com muita clareza, disse o apóstolo Paulo que Deus *recompensará cada um segundo suas obras.* (Romanos: 2,6), acrescentando que *tudo o que o homem semear, isso também ceifará.* (Gálatas: 6,7).

No ensino cristão existem várias referências indiretas à Lei de Causa e Efeito. No episódio do Mestre no Horto das Oliveiras, quando o apóstolo Pedro decepa a orelha de um soldado, diz-lhe Jesus: *Guarda a tua espada; porque todos os que lançarem mão da espada pela espada morrerão.* (Mateus: 26,52). (Sic)

Como essa frase Jesus consagrava, abertamente, a Lei de Causa e Efeito.

Como se vê em lugar de definir a lei do carma eu apresento diversos exemplos práticos desse princípio de justiça. No fundo, eles significam que as ações humanas têm como consequência uma reação boa ou má, conforme a índole, a natureza do ato praticado.

Trata-se de uma Lei Divina, que valoriza o Bem e reprime o mal. Não é preciso que Deus, ou qualquer outro poder externo, premie ou castigue o homem. Por si mesma, atua a Lei de Causa e Efeito, realizando a Justiça.

A semeadura é livre, mas a colheita é obrigatória. Usando seu livre-arbítrio – sua vontade livre – o homem vai edificando seu próprio destino. Sempre que procede corretamente recebe o bem, a felicidade, como recompensa natural. Se ele age erradamente, a infelicidade e a dor o atingem de certo modo estimulando-o a procurar outra conduta.

É um princípio científico que *toda ação gera uma reação igual e contrária.* Essa verdade do mundo físico também está presente na lei do carma. A consequência de nossos atos é proporcional à ação praticada, e recebe-se, ou se paga, na mesma moeda.

O juiz que nos absorve ou condena é a consciência. A ela nada escapa. A consciência nos acompanha como a sombra, aos corpos...

Como uma filmadora, ela grava o vídeo tape de nossas vidas. Nenhum elemento de prova fica faltando. E o julgamento é sempre justo, pois a consciência é a presença da Lei Divina em nós.

Ora, a Lei de Deus – impregnada de bondade e sabedoria – estabelece que o Bem produz felicidade e tranquilidade de consciência. E o mal gera desequilíbrio, infelicidade, queda de consciência.

A Lei Divina é assim, funciona dessa maneira, para que o Bem seja procurado e o mal evitado. Para que o Homem, em seu anseio de felicidade, sinta-se estimulado a procurar o Bem, o progresso, a evolução enfim.

Entendida essa questão, poderemos solucionar, com a ajuda da reencarnação e da lei do carma, um dos mais velhos e intrigantes problemas religiosos, o "Problema do mal", que costuma ser assim formulado: se Deus é bom, por que existem na Criação coisas más?

Qual a razão de existirem doenças como a lepra, o câncer, a AIDS? Por que nascem deficientes físicos e deficientes mentais, infelizes de toda sorte?

Somente a Lei de Causa e Efeito pode explicar esses enigmas. Tudo isso acontece porque o homem é dotado de liberdade, de livre-arbítrio, podendo escolher entre o bem e o mal.

Na Lei Divina tudo se organiza e tudo concorre para que o homem escolha o bem. Mas ele não é escravo. Nem mesmo do bem.

Quando o homem escolhe o mal, a Lei providencia para que isso lhe seja tão penoso, tão desagradável, tão desvantajoso, que o mal não consiga mais atraí-lo. É preciso que o crime não compense. É a Lei ensinando-nos a inconveniência do mal.

A partir daí, fica evidente que a Lei Divina não visa castigar, mas somente reeducar e corrigir os que erram. Não *porque pecaram*, mas para que *não pequem mais*. Essas últimas expressões foram extraídas da área do Direito. Falemos um pouco de Direito Penal.

Nos dias atuais, nenhum criminalista entende que a pena deva ser um castigo. Não se admite que a condenação deva ter caráter aflitivo e retributivo. De forma unânime, os juristas afirmam que a punição não deve objetivar o sofrimento do criminoso, mas sim a sua regeneração.

A pena não tem a finalidade de pagar o mal com o mal; ao contrário, deve promover a readaptação social dos infratores.

O Estado não pode aplicar a Lei de Talião, que tem por lema "olho por olho, dente por dente". Caso contrário, se nivelaria aos criminosos, igualando-se a eles em ferocidade. O Estado não pode se vingar, pois em suas leis ele próprio proíbe a vingança. Sua função é reajustar, regenerar, reeducar.

Se as leis humanas chegaram a essa compreensão a respeito das penas, como poderemos imaginar que Deus, infinitamente bom, possa reservar castigos eternos e cruéis a seus filhos?

Um dos episódios mais famosos da vida de Jesus é aquele em que o apóstolo Pedro pergunta ao Mestre quantas vezes se deve perdoar o pecado de um irmão. A resposta é conhecida: setenta vezes sete, quer dizer, quantas vezes forem necessárias.

Ora, se os homens, apesar de suas fraquezas e defeitos devem perdoar sempre, o que diremos no que respeita a Deus?

Diremos que, por meio das leis generosas da reencarnação e do carma, Ele nos concede todas as oportunidades necessárias ao nosso aperfeiçoamento.

Capítulo 14

A reencarnação e o sexo

Os Benfeitores Espirituais que se comunicam pela cristalina mediunidade de Francisco Cândido Xavier têm abordado certos aspectos menos conhecidos da reencarnação.

No tocante ao sexo, esses instrutores do Mundo Maior têm esclarecido que os espíritos mantêm sua identidade masculina ou feminina ao longo do tempo (na Terra e no Espaço), a não ser em casos especiais e por razões específicas.

Com efeito, entre dezenas de casos relatados nas obras de André Luiz, não existe uma única referência a qualquer homem que, após a desencarnação, se revista de forma feminina, ou vice-versa. Quem na Terra era homem, no Espaço continua espírito masculino e quem no Planeta era mulher, assim continua na Espiritualidade.

Do mesmo modo, em todas as reencarnações mencionadas nos livros desse autor, espíritos de determinado sexo sempre renascem em pessoas de igual sexo.

Fatos idênticos são verificáveis nas obras de Emmanuel, psicografadas por Chico Xavier.

Basta ler romances mediúnicos, como *Há Dois Mil Anos* e *50 Anos Depois*, para constatar que os personagens masculinos, tanto quanto femininos, assim se mantêm em suas vidas sucessivas.

Mais ainda: certos protagonistas desses livros chegam a formar pares constantes (as chamadas "almas gêmeas") que se unem, em repetidos vínculos de amor, em várias reencarnações.

Ora, esses casais somente se tornam possíveis graças à manutenção da identidade sexual de seus componentes. A permanência no mesmo sexo é um pressuposto das futuras uniões.

Além de tudo, ensinamentos encontrados em numerosas passagens dos livros de André Luiz e Emmanuel confirmam em nosso *atual estágio evolutivo* os espíritos definidos, fixados, estruturados em um determinado sexo.

Somente em casos excepcionais eles virão a renascer em condição inversa, ou anômala, isto é, em um corpo de sexo diferente ao do seu.

Vale notar que tais exceções à regra somente

A Reencarnação Sem Mistérios

acontecem em virtude de necessidade expiatória (tendo por finalidade o acerto de dívidas cármicas) ou visando a missões espirituais especialíssimas.

Repetindo: os espíritos ligados à evolução da Terra geralmente mantêm sua identidade sexual nas sucessivas reencarnações. Nos raros casos em que isso não acontece, costumam enfrentar problemas bastante complexos em suas experiências terrenas.

Sempre que um espírito renasce em um corpo oposto à sua individualidade sexual intrínseca (em "dolorosa condição inversiva", ou em "condição anômala", como dizem, respectivamente, Emmanuel e André Luiz), irá enfrentar considerável dificuldade em sua adaptação social.

O comportamento convencional que dele se espera, dificilmente poderá ser mantido, pois suas tendências expressam, com muita clareza, os conflitos de uma alma aprisionada em um corpo que não corresponde às inclinações naturais e aos impulsos mais profundos de sua personalidade.

É por isso que as almas reencarnadas em "dolorosa condição inversiva" revelam problemas de ajustamento, não apenas no âmbito da conduta sexual. Na verdade, muitas delas sublimam suas tendências afetivas e, heroicamente, superam quaisquer apelos instintivos, mantendo comportamento sexual irrepreensível. Todavia, não conseguirão ocultar, no conjunto de suas condutas (gestos, gostos, expressões, escolhas

130

profissionais, etc.) um caráter em tudo oposto às suas constituições orgânicas.

Por isso, afirma André Luiz em **Missionários da Luz**, pág. 200 que: *é necessário deslocar a concepção do sexo, abstendo-nos de situá-la tão somente em determinados órgãos do corpo transitório das criaturas. Vejamos o sexo como qualidade positiva ou passiva, emissora ou receptora da alma.*

Mais adiante, o mesmo autor espiritual ensina que o Amor é o fundamento da vida universal, não podendo limitar-se a meras atividades de certos órgãos do aparelho físico. "As formas físicas", diz ele:

> [...] *descendem das uniões físicas. As construções espirituais procedem das uniões espirituais. A obra do Universo é filha de Deus. O sexo, portanto, como qualidade positiva ou passiva dos princípios e dos seres, é manifestação cósmica em todos os círculos evolutivos, até que venhamos a atingir o campo da Harmonia Perfeita, onde essas qualidades se equilibram no seio da Divindade.*

Como vemos na parte final da lição acima (e também na página 183 de **Evolução em Dois Mundos**) ao atingirmos os mais altos patamares da evolução (na qualidade de almas angélicas, adaptadas à Harmonia

Perfeita), haveremos de reunir virtudes e aptidões que caracterizam tanto a masculinidade quanto a feminilidade.

Por outro lado, nas fases iniciais de nosso caminho evolutivo, nossos espíritos, indistintamente, envergaram corpos de ambos os sexos, como nos adverte André Luiz no capítulo XVIII, página 138, de *Evolução em Dois Mundos*.

Em resumo: iniciamos nossa evolução, renascendo em ambos os sexos; durante certo tempo (é essa a nossa realidade presente), fixamo-nos em dado sexo, masculino ou feminino; finalmente, nas distantes fases angélicas de nosso aperfeiçoamento passaremos a possuir as qualidades nobres de ambos os sexos.

Diante de todas as informações espirituais de que dispomos na atualidade, podemos indagar se a homossexualidade tem algo a ver com o tema do presente capítulo.

Parece-nos que a resposta é afirmativa, em tese.

O fato de um espírito feminino renascer em corpo masculino não deve eliminar sua inclinação afetiva para pessoas do sexo masculino.

Certamente, ele não será forçado a manter comportamento sexual invertido. Mas, provavelmente, no íntimo de sua individualidade sentirá algum apelo, alguma atração (magnética, digamos) pela personalidade masculina.

O contrário acontecerá com os espíritos masculinos, corporificados em figuras femininas.

Quando tais pessoas conseguem se manter fiéis aos compromissos assumidos na Espiritualidade – pois é claro que não vieram à Terra para cometer novos erros – devem merecer todo nosso respeito.

É possível, outrossim, que os comportamentos homossexuais de certas pessoas decorram de perversões, ou desvios deliberados, nada tendo a ver com o tema deste estudo.

Cada um é um caso. E somente o tempo nos permitirá compreender os delicados, estranhos e inquietantes problemas ligados à conduta afetiva das criaturas humanas.

Não devemos nos esquecer de que, exatamente ao cuidar de um ato infeliz, referente à sexualidade (o episódio da mulher adúltera), proferiu o Mestre a frase inesquecível: – *Aquele que estiver sem pecado, atire a primeira pedra.* (João: 8,1-11).

Para finalizar, vou reproduzir alguns ensinamentos de André Luiz e de Emmanuel, confiante que suas palavras afastem qualquer dúvida que ainda persista a respeito da matéria em exame.

Comecemos por André Luiz, no livro ***Evolução em Dois Mundos:***

Origem do Instinto Sexual – Todas as nossas referências a semelhantes peças do trabalho biológico, nos reinos da Natureza, objetivam simplesmente demonstrar que, além da trama de recursos somáticos, a alma guarda a sua individualidade, conforme os característicos acentuadamente passivos ou claramente ativos que lhe sejam próprios. A sede real do sexo não se acha, dessa maneira, no veículo físico, mas sim na entidade espiritual, em sua estrutura complexa. E o instinto sexual, por isso mesmo, traduzindo amor em expansão no tempo, vem das profundezas, para nós ainda inabordáveis, da vida, quando agrupamentos de mônadas celestes se reuniram magnéticamente uma às outras para a obra multimilenária da evolução, ao modo de núcleos e eletrões na tessitura dos átomos, ou dos sóis e dos mundos nos sistemas macrocósmicos da Imensidade. Por ele, as criaturas transitam de caminho a caminho, nos domínios da experimentação multifária, adquirindo as qualidades de que necessitam; com ele, vestem-se da forma física, em condições anômalas, atendendo a sentenças regeneradoras da lei de causa e efeito ou cumprindo instruções especiais com fins de trabalho justo. O sexo é, portanto, mental em seus impulsos e manifestações, transcendendo quaisquer impositivos da forma em que exprime, não obstante re-

> *conhecermos que a maioria das consciências encarnadas permanecem seguramente ajustadas à sinergia mente-corpo, em marcha para mais vasta complexidade de conhecimento e emoção.*

Em sequência, vamos ler a lição de Emmanuel, em **Religião dos Espíritos**:

> *Quase sempre, os que chegam ao além-túmulo sexualmente depravados, depois de longas perturbações renascem no mundo, tolerando moléstias insidiosas, quando não se corporificam em desesperadora condição inversiva, amargando pesadas provas como conseqüência dos excessos delituosos a que se renderam. À maneira de doentes difíceis, no leito de contenção, padecem inibições obscuras ou envergam sinais morfológicos em desacordo com as tendências masculinas ou femininas em que ainda estagiam, no elevado tentame de obstar a própria queda em novos desmandos sentimentais.*

Finalmente, para que ninguém suponha que adotamos uma posição polêmica, ou apressada (se isto é possível, na companhia de Emmanuel e André Luiz!), vamos transcrever um trecho do livro **O Problema do Ser, do Destino e da Dor.**

Seu autor, Léon Denis, é um dos mais respeitados escritores espíritas de todos os tempos, além de fiel discípulo e divulgador das ideias de Allan Kardec.

À página 177, da 13°edição de seu livro (editado pela FEB), lê-se o seguinte:

> *Cremos de preferência, de acordo com os nossos Guias, que a mudança de sexo, sempre possível para o Espírito, é em princípio, inútil e perigosa. Os espíritos elevados reprovam-na. É fácil reconhecer, à primeira vista, em volta de nós, as pessoas que numa existência precedente adotaram sexo diferente; são sempre, sob algum ponto de vista, anormais. As viragos, de caráter e gostos varonis, algumas das quais apresentam ainda vestígio dos atributos do outro sexo, por exemplo, barba no mento, são, evidentemente, homens reencarnados. Elas nada têm de estético e sedutor, sucede o mesmo com os homens efeminados, que têm todos os característicos das filhas de Eva e acham-se como que transviados na vida. Quando um Espírito se afez a um sexo é mau para ele sair do que se tornou a sua natureza. Muitas almas, criadas aos pares, são destinadas a evoluírem juntas, unidas*

para sempre na alegria como na dor. Deram-lhes o nome de almas-irmãs; o seu número é mais considerável do que geralmente se crê; realizam a forma mais completa, mais perfeita da vida e do sentimento e dão as outras almas o exemplo de um amor fiel, inalterável, profundo; podem ser reconhecidas por esse característico. Que seria de sua afeição, de suas relações, de seu destino, se a mudança de sexo fosse uma necessidade, uma lei? Entendemos antes que, pelo próprio fato da ascensão geral, os caracteres nobres e as altas virtudes multiplicar-se-ão nos dois sexos ao mesmo tempo; finalmente, nenhuma qualidade ficará sendo apanágio de um só dos sexos, mas atributo dos dois. A mudança de sexo poderia ser considerada como um ato imposto pela lei de justiça e reparação num único caso, o qual se dá quando maus-tratos ou graves danos, infligidos a pessoas de um sexo, atraem para este mesmo sexo os Espíritos responsáveis, para assim sofrerem, por sua vez, os efeitos das causas a que deram origem; mas, a pena de talião não rege como mais adiante veremos, de maneira absoluta, o mundo das almas; existem mil formas de se fazer a reparação e de se eliminarem as causas do mal. A cadeia onipotente das causas e dos efeitos desenrola-se em mil anéis diversos. [...] Quanto às dores do passado, sabemos que não ficam perdidas. O Espírito que sofreu iniqüidades sociais, colhe, por força da lei de equilíbrio e compensação, o resultado das provações por que passou.

Observação: Salientamos que o conteúdo deste capítulo está pautado nos conceitos do autor, a respeito do tema, na época em que foi escrita esta obra e que, provavelmente, hoje seria outro o seu raciocínio.

Capítulo **15**

A reencarnação e os laços de família

$\mathcal{F}$ilhos do mesmo Pai, criaturas do mesmo Criador, somos irmãos de todos os seres do Universo.

Em sentido amplo, pertencem à nossa família espiritual, desde os insetos até os espíritos angélicos, estabelecendo uma corrente que vai das mais rudimentares às mais iluminadas criaturas de Deus.

Inegavelmente, porém, mantemos ligações mais intensas e mais próximas com determinados grupos de pessoas, pertencentes à nossa raça, ao nosso povo e à nossa família consanguínea.

Na jornada evolutiva, ao longo dos sucessivos renascimentos, esses grupos nos atraem na forma de ímã que atrai as aparas de ferro.

O amor, a simpatia, a concordância de ideias e de sentimentos – um magnetismo indefinível chamado afinidade – liga-nos estreitamente a esses agrupamentos humanos.

Por vezes é tão forte essa vinculação entre pessoas queridas, que o progresso espiritual de algumas, de certo modo, passa a depender da evolução de outras. Ocorre entre elas uma espécie de associação de destino.

Tal qual em uma orquestra, em que cada músico executa um instrumento diferente, mas todo o conjunto obedece a um plano geral e visa a um mesmo resultado, assim também as famílias espirituais têm verdadeiros projetos coletivos de elevação, em que todos os seus membros estejam envolvidos. A evolução de cada indivíduo e a evolução do grupo estarão, nesse caso, profundamente associadas.

Em sua conhecida obra, **Nosso Lar**, afirma André Luiz que *o amor é alimento das almas*. Com efeito, esse categorizado autor espiritual relata inúmeros casos em que ligadas pelo afeto, famílias espirituais realizam prodígios de abnegação, renúncia e dedicação recíproca.

Alicerçados na permuta de vibrações e no profundo magnetismo do amor, tais laços de fraternidade não conhecem fronteiras, nem mesmo as da morte corpórea.

Na Terra, ou no Além, ensina o autor espiritual André Luiz que:

> *[...]almas gêmeas, almas irmãs, almas afins, constituem pares e grupos numerosos.*

Unindo-se umas às outras, amparando-se mutuamente, conseguem equilíbrio no plano de redenção. Quando, porém, faltam companheiros, a criatura menos forte costuma sucumbir em meio da jornada.

No propósito de socorrer entes queridos, ou simplesmente auxiliar em sua evolução, muitos espíritos abnegados deixam de ascender às esferas da Espiritualidade, aceitando reencarnações sacrificiais na Terra.

Por amor do amor, renunciam à felicidade suprema a que teriam direito, nas luminosas moradas celestes, e regressam ao mundo físico, para enfrentar dificuldades e lutas, nas quais revelarão suas reservas de devotamento e generosidade. Por amor do amor...

Vemos, portanto, que a reencarnação reforça e amplia os laços familiares, permitindo que pais e filhos, maridos e esposas, irmãos e irmãs, ajudem-se uns aos outros, na Terra e no Plano Espiritual, sem limitações de tempo ou de distância.

A família consanguínea quase sempre permite que se reencontrem, no Planeta, os componentes da família espiritual, construída com base na afinidade e na afeição. Nem todos os participantes da família espiritual (muito mais numerosa que a terrestre, é claro), estarão reencarnados ao mesmo tempo, mas isso pouco importa. Os que permanecem na Espiritualidade inspiram e amparam os que se encontram na esfera física, além de tomarem providências de grande valor para seu futuro espiritual.

Importa lembrar que a família terrena modifica sua composição nas várias reencarnações. Pais, filhos e irmãos podem assumir papéis diferentes em cada reencontro no Planeta, conforme as necessidades de reajuste e de progresso espiritual de cada membro da família.

Sabemos, também, que a família consanguínea – destinada preferencialmente à evolução do grupo espiritual afim – pode ser utilizada como ambiente propício para reconciliações, emendas e reajustes do passado culposo. Espíritos credores ou devedores de certos membros da família encarnada vêm participar do provisório parentesco terreno, para que laços de hostilidade e rancor se convertam em vínculos de fraternidade.

Os mais irreconciliáveis inimigos abandonam velhos ódios quando – esquecidos do passado obscuro, sob a bênção da reencarnação – a antiga vítima carrega, em seus braços fortes, o antigo verdugo transformado agora na figura frágil e risonha de um filho recém-nascido.

Vemos, afinal, que perante a Lei Divina todas as sombras são provisórias. Somente a Luz é perene e imorredoura, tal qual o Amor.

Capítulo 16

A reencarnação sob o prisma do humor

Verificamos, no último capítulo, que os vínculos espirituais das verdadeiras afeições são indestrutíveis. Contra eles nada podem as mãos tranquilas do Tempo e nem mesmo as duras mãos da Morte, que Rui Barbosa – em sua célebre *Oração aos Moços* – definiu como "a grande afastadora de homens".

Para demonstrar essa tese, evoco neste momento a figura de Cornélio Pires, pessoa querida da qual inúmeros laços me aproxima.

Nascemos no mesmo chão, na lendária e pitoresca Tietê – a um só tempo, Curuçá dos bandeirantes e Terra de Cornélio Pires.

Recordo o poeta – mansa figura da bondade a espalhar-se em seus olhos azuis – conversando com meu pai, no banco do jardim, nos serenos fins de tarde da nossa Tietê.

Conheci, depois, as peripécias da vida intensa e útil de Cornélio, por meio de dois livros biográficos escritos por meu saudoso cunhado Joffre Martins Veiga: *A Vida Pitoresca de Cornélio Pires* e *Antologia Caipira – Prosa e Poesia de Cornélio Pires*.

Além de tudo, reivindico a honra da consanguinidade com o grande poeta, humorista, contista e "homem-show", desejando ser seu parente menos, como seu conterrâneo sem glória.

Cornélio era filho de Raimundo Pires de Campos Camargo e eu, pelo lado materno, descendo das famílias Campos e Camargo. Ora, entre as antigas estirpes tieteenses não há duas famílias Campos e muito menos dois ramos da linhagem Camargo. Assim, não podemos deixar de ser parentes...

Por várias vezes, Chico Xavier esteve visitando o Instituto Bairral de Psiquiatria, em Itapira. Em duas dessas ocasiões psicografou, em reuniões públicas, mensagens em versos.

O autor espiritual? Cornélio.

Os temas? A gente de Itapira, lembrando Tietê.

Este grupo de Itapira,
Que entre aos homens não se vê,
Parece com minha gente
Nas salas de Tietê.

Itapira, Deus te guarde!

Termino com emoção,

Terra irmã de minha Terra,

Terras do meu coração!...

Por seu caminho, Deus o abençoe generoso e afável Cornélio, espírito diligente e poeta maior, que vem acrescentando à sua variadíssima obra terrena uma notável e vasta produção mediúnica!

Deus o abençoe e conserve sempre!

E agora, desculpando-me por ter abusado das manifestações pessoais, deixo o leitor no agradável convívio de Cornélio, certo de que o poeta trará a este capítulo e a este livro a leveza e a graça que lhes faltam, emprestando-lhes seu inconfundível estilo e saboroso humor.

Comecemos por um soneto que traz por título:

A TAGARELA

Nhá Zizita, na rua do Barreiro,

Já sentia, de muito dar na trela,

Calo de cotovelo na janela
Onde espiava gente o dia inteiro.

Calúnia e invencionice era com ela,
Gostava de folia e de berreiro.
O povo comentava, chocarreiro:
- Jabiraca da língua de sovela!

Nhá Zizita morreu... Desencarnada,
Viu atrás dela enorme trapalhada
E gritava: – Meu Deus! Meu Deus, me acu-
da!

Deus teve dó de tanto sofrimento
E deu a ela um novo nascimento,
Mas Nhá Zizita, agora, nasceu muda...

Vamos às trovas, muito a gosto de Cornélio:

Lalau liquidou Quindim
Com veneno no mingau,
Mas hoje Quindim é o neto
Que vai herdar Lalau.

Maricotinha enjeitou
Dez filhos de porta em porta;
Hoje, ela quer reencarnar,
Quando nasce, nasce morta.

Explica a reencarnação:
Teu filho não é teu eco.
Galinha por afeição
Choca ovo de marreco.

– Reencarnação!... que estopada!... –
Comentou Nico Peão
O corpo é concha pesada
Que a gente arrasta no chão...

Reencarnação – benefício
Que a outro não se compara,
É o modo que Deus nos deu
Da gente mudar de cara.

Para terminar, um alô dirigido ao poeta.

Cornélio, amigo e parente,
Um dia a gente se vê...
No Espaço azul, refulgente,
Ou de novo em Tietê.
É esse o recado urgente
Que eu mando para você.

Capítulo 17

A reencarnação e a pluralidade dos mundos habitados

$\mathcal{P}$ense em um grão de areia (um pequeni-no grão de areia, como aquele da canção popular), no meio de um imenso deserto. Pense em uma gota d'água perdida no oceano...

Pense na Terra, diante do Universo e entenda que ela é menor, comparativamente, do que o grão de areia e a gota d'água.

Milhões de sóis e milhões de planetas se su-cedem a bilhões de sóis e de planeta no Universo sem fim, expressando a glória do Inigualável Criador.

Em muitos deles, a Vida prepara o surgimen-to da vida. Em outros, a Vida se afastou, após um pe-ríodo de vida. Noutros, ainda, a Vida realiza as experi-ências da vida: são os inumeráveis mundos habitados.

Em um Universo "sem número, sem fim", como diz o poeta, seria inconcebível que só a Terra, pequenina e obscura, hospedasse a vida.

Deus – a Perfeita sabedoria – não construiria uma gigantesca metrópole para permitir que somente uma de suas pobres favelas fosse habitada.

É claro que não!

Só a tola arrogância dos favelados pode supor tal absurdo... *Não se turbe o vosso coração; credes em Deus, crede também em mim. Na casa de Meu Pai há muitas moradas; se não fosse assim, eu vos teria dito; vou preparar-vos lugar.* (João: 14,2).

Observem que, antes e depois de proclamar a existência de muitos mundos habitados – as moradas da casa do Pai – Jesus ordenou aos discípulos que acreditassem em suas palavras.

Por duas vezes insistiu em que aceitassem aquela revelação, dando a entender que lhes transmita uma ideia nova, surpreendente, mas na qual deveriam crer.

Como sempre, Jesus tinha razão...

Nem os apóstolos, nem os cristãos dos séculos seguintes guardaram as palavras do Mestre.

A pluralidade dos mundos habitados, tão claramente enunciada por Jesus, apenas retornou à consciência da Humanidade com o surgimento do Espiritismo.

Na primeira obra da Codificação Kardecista

(*O Livro dos Espíritos*, Capítulo III), as Entidades Espirituais apregoaram a existência de incontáveis mundos habitados, entre os quais a Terra figura modestamente, como "planeta de expiação e provas".

Existem outros globos, muito mais evoluídos e mais felizes, e também aqueles em que a vida se desenvolve em condições mais primitivas do que as nossas.

Situada em posição intermediária, entre os mundos superiores e inferiores, a Terra é um misto de escola e reformatório, onde alguns espíritos se educam, enquanto outros se reeducam.

Uns aprendem, outros se regeneram.

Feitas estas considerações, vamos indagar o seguinte: – Podemos realizar nossa evolução apenas na Terra, ou será necessário emigrarmos para outros mundos, a fim de completá-la?

O conjunto de obra doutrinária espírita parece indicar a primeira hipótese como mais provável.

Tudo faz supor que seja possível começar a concluir nosso ciclo de reencarnação em nosso próprio Planeta, ou seja, iniciar aqui nossa evolução (a partir dos seres unicelulares mais primitivos), até atingirmos a condição de espíritos desobrigados da necessidade reencarnatória (os "completistas", como ensina André Luiz).

A Terra se assemelha, portanto, a um instituto educacional, dotado de todos os graus de ensino e de todas as séries em que eles se subdividem – do primário à universidade.

Assim, a maioria dos espíritos terrenos deve ser originária do próprio Planeta (aborígenes), aqui realizando sua evolução completa.

Não podemos esquecer, porém, que decorridos longos períodos (milênios, talvez!), os mundos habitados costumam passar por grandes mudanças. Essas transformações periódicas são designadas "fim dos tempos", "fim de ciclo", "juízo final", ou apocalipse. São ocasiões de julgamento.

Avaliado o progresso dos habitantes do mundo em questão, os que tiveram aproveitamento médio são autorizados a nele permanecerem. Os que evoluíram muito acima da média podem deslocar-se para mundos superiores, ou não mais reencarnarem.

Por sua vez, os moradores desse globo que não acompanharam a evolução geral podem ser exilados para mundos inferiores, onde deverão reencarnar-se com a finalidade de se corrigirem, submetidos a um regime mais severo. Acontece que, renascendo em globos atrasados e rudes, esses degradados ajudarão os habitantes primitivos desses planetas a progredirem, pois "em terra de cego, quem tem um olho é rei".

Com tal providência, a Lei Divina promove a justiça individual e o progresso coletivo.

Pois bem. Esses julgamentos cíclicos, que nada têm a ver com o lendário "Fim do Mundo", já ocorreram muitas vezes. E, de acordo com o ensinamento dos Espíritos, um deles assume grande importância para nós, os seres terrestres.

Trata-se de um "fim de ciclo" ocorrido no sistema Capela, mundo muito mais adiantado do que o nosso. De acordo com Emmanuel, no livro *Roteiro*, Capela seria cinco mil e oitocentas vezes maior do que a Terra, em volume. Em consequência desse "fim de tempos", certo número de espíritos capelinos, não aprovados no julgamento, foram exilados para a Terra. Aqui, deram origem à raça ariana.

A lenda bíblica de Adão e Eva tem origem nessa civilização superior que "perdeu o Paraíso", vindo para o exílio, na Terra, "ganhar o pão com o suor de seu rosto".

Ora, os espíritos provenientes de Capela traziam para cá inteligência bastante desenvolvida, capacidade de liderança, grande força de vontade e sensibilidade religiosa. Conservavam vagas e parciais lembranças de seu mundo superior. Já haviam "provado o fruto da árvore do Bem e do Mal", como diz a Bíblia.

Porém, ao lado dessas virtudes que muito estimularam o progresso da nossa civilização, a raça adâmica trazia para o ambiente rústico do Planeta um orgulho e uma rebeldia aqui desconhecidos, além de graves desequilíbrios emocionais.

Pensemos nos degredados portugueses que vieram para o Brasil (indivíduo que foram banidos de Portugal, por terem cometido crimes) e saberemos aproximadamente o que significou para a Terra a vinda dos capelinos: acentuado progresso intelectual, a par de muitos defeitos do caráter e do sentimento.

Dos fatos acima, fica evidente que nosso Planeta hospeda espíritos nativos da terra, além daqueles que para aqui vieram, exilados de Capela, e certamente de outros globos onde há vida semelhante à nossa. E também podemos deduzir que parte das criaturas atualmente ligada à Terra está completando sua evolução somente em nosso mundo, enquanto outras almas já viveram em diferentes globos do Universo, antes de aqui habitarem.

A respeito do tema relacionado aos capelinos, vamos transcrever o soneto mediúnico de Augusto dos anjos, que se reporta à:

RAÇA ADÂMICA

A Civilização traz o gravame

Da origem remotíssima dos Árias,

Estirpe das escórias planetárias,

Segregadas num mundo amargo e infame.

Árvore genealógica de párias,

Faz-se mister que o cárcere a conclame,

Para a reparação e para o exame

Dos seus crimes nas quedas milenárias.

Foi essa raça pobre de miséria

Que fez nascer na carne deletéria

A esperança nos Céus inesquecidos;

Glorificando o Instinto e a Inteligência,

Fez da Terra o brilhante gral da Ciência,

Mas um mundo de deuses decaídos.

Capítulo 18

A reencarnação e as rimas: a dor e o amor

$\mathcal{A}$ monumental obra poética produzida pela mediunidade de Francisco Cândido Xavier é uma das mais convincentes provas do intercâmbio entre o Mundo Espiritual e o nosso.

Todos sabem que é dificílimo imitar o estilo de um poeta, em virtude das peculiaridades do vocabulário, da cadência do verso, da escolha das rimas e, acima de tudo, da cosmovisão do artista (seu modo particular de ver e sentir o mundo).

Tudo se projeta em cada poema e, por esse motivo, o melhor dos versejadores terá dificuldade em imitar um confrade, ainda que seja em uma única composição.

Imitar, convincentemente, vários poetas, dotados de diferentes estilos, em diversos poemas, é quase impossível...

O que dizer, então, de alguém que imitasse, em centenas de poemas, quase todos os grandes poetas brasileiros e portugueses, igualando-os em estilos, na profundidade dos conceitos, na musicalidade do verso, na riqueza da inspiração – no valor artístico, em suma?

E se acaso esse alguém conseguisse suplantar a média de qualidade da produção terrena de cada poeta, quer se tratasse de poesia austera ou irônica, lírica ou épica, parnasiana ou simbolista, singela ou rebuscada, agressiva ou terrena?

Estaríamos diante de alguém cujo talento faria empalidecer o brilho dos maiores gênios da história humana: Camões, Goethe, Dante, Shakespeare...

E se esse alguém fosse tão modesto, que chegasse ao ponto de renunciar à glória, ardentemente ambicionada por todo artista, e dissesse que os poemas por ele escritos não eram realmente dele?

Tratar-se-ia de alguém tão humilde quanto São Francisco de Assis e tão desprendido dos valores materiais quanto São Vicente de Paulo... E se, além de tudo, a parte mais importante de sua produção poética tivesse sido publicada aos 21 anos? E se esse alguém tivesse, apenas, instrução primária e morasse em uma cidadezinha das Gerais, sem livrarias nem bibliotecas? E se, para cada livro de poesia, ele escrevesse cinquenta livros em prosa de ótima qualidade, também igualando o estilo de inúmeros escritores?

Ora, se alguém seria o prodígio dos prodígios, o assombro dos assombros, o gênio dos gênios, o santo dos santos. Ou seria, simplesmente, o médium Francisco Cândido Xavier, nascido em Pedro Leopoldo... Por certo dirão que exagero. Mas não exagero...

Nosso querido Chico, se não fosse o maior médium de todas as épocas, seria o maior gênio literário de todas as épocas...

Não há como fugir a essa conclusão! E devemos agradecer a Deus por tê-lo enviado, em tarefa apostólica, ao *Coração do Mundo e Pátria do Evangelho* – o nosso Brasil.

Voltemos à poesia mediúnica para ressaltar que nós, os espíritas, pouco a entendemos, pouco a valorizamos e pouco a divulgamos.

Poesia é, muitas vezes, profecia.

Com a linguagem simbólica, é possível exprimir *o que a boca não diz, o que a mão não escreve* (a expressão de Olavo Bilac, encarnado).

De música e poesia é feita a linguagem dos anjos, e para compreendê-la é preciso ter "ouvido capaz de ouvir e de entender estrelas"... E os anjos aí estão "cantaversando" ou "versacantando", por meio de Chico, proclamando ousadas verdades (pois parece que até no Além vigoram as "licenças poéticas") e clarificando temas obscuros. De qualquer modo, arrancando véus: profetizando.

Os provérbios populares, geralmente, encaram grandes verdades. Mas, não é de todo verdadeiro aquele que diz: "de poeta, médico e louco, todo mundo tem um pouco".

De louco, pode ser. De médico, não duvido. De poeta...

Com efeito, temos pouca sensibilidade para as revelações da poesia mediúnica. Sobretudo, quando ela nos fala do mistério profundo da Dor.

Parece-nos muito difícil aceitar a ideia de que o sofrimento seja um indispensável auxiliar do progresso humano. E ainda mais difícil nos parece admitir que a Dor deva ser considerada tal qual uma bênção dos Céus, movimentada em nosso benefício.

Contudo, as mensagens espíritas (principalmente a obra dos poetas de Além-Túmulo) enaltecem o significado da dor, considerando-a uma doce e incompreendida amiga que nos afaga com invisíveis mãos piedosas...

São inúmeros os poemas nos quais a Dor é louvada, com palavras de comovida gratidão, por aqueles que a tiveram como inseparável companheira na Terra. Poetas cujas vidas foram marcadas por enormes tragédias pessoais – criaturas sensíveis e sedentas de beleza, que no mundo só encontraram penúria, padecimentos físicos e incompreensão – voltam para ensinar aos homens a missão sublime e sacrossanta da Dor. Voltam para agradecer, genuflexos, *a dor mais rude, a mágoa mais pungente, os soluços, os prantos, os gemidos* com que pagaram velhas dívidas cármicas.

É Cruz e Souza – o grande Poeta Negro – agradecendo ao seu doloroso calvário de amarguras, frustrações e pobreza, o resgate de existências passadas, nas quais abusou do poder, da riqueza e do orgulho.

Ouçamos sua própria voz, no soneto mediúnico:

NOUTRAS ERAS

Também marchei pelas estradas flóreas,
Cheias de risos e de pedrarias,
Onde todas as horas dos meus dias
Eram hinos de esplêndidas vitórias.

Tive um passado fúlgido de glórias,
De maravilhas de ouro e de alegrias,
Sem reparar, porém, noutras sombrias
Sendas tristes, das dores meritórias.

E abusei dos deveres soberanos
Sucumbindo aos terríveis desenganos
Do destino cruel, fatal e avaro;

Para encontrar-me a sós no mesmo horto
Que deixara, sem luz e sem conforto,
Sentindo as dores desse desamparo.

É Jesus Gonçalves, o chefe guerreiro de outras épocas, voltando ao mundo para bendizer a lepra, "a cruz de feridas", por meio da qual redimiu, em uma existência de dores e solidão, os desatinos do pretérito culposo.

Vejamos o que ele diz do seu

ANJOS DE REDENÇÃO

Do Céu desceste resplendente puro
E no santo mistério em que te apagas
Vestiste-me o burel de sânie e chagas
E algemaste-me a lenho estranho e duro.

Num solar pairando no monturo,
Terno, escondendo as flores com que afagas,
Ouviste-me, em silêncio, o choro e as pragas,
Doce e invisível no caminho escuro!...

Mas, da cruz de feridas que me deste,

Libertaste meu ser à Luz Celeste,

Onde, sublime e fúlgido, flamejas!

E agora brado, enfim, de alma robusta:

- Deus te abençoe, ó dor piedosa e justa,

Anjo da redenção! Bendito sejas!...

É sempre a Dor que nos abate e renova, que nos fere e sublima, que nos humilha e liberta.

Semelhante ao fogo, eliminando as impurezas dos metais, a Dor é a sagrada chama que nos depura a alma, libertando-a das imperfeições morais.

"Anjo da redenção! Bendito sejas!"...

Depois da Dor, falemos do Amor, a maior das virtudes cristãs, a palavra que resume o Evangelho, a chave do Reino dos Céus.

Como alcançá-lo?

O amor é uma qualidade interna, um atributo subjetivo, uma conquista espiritual. Assim, não adianta esperar que ele venha ao nosso encontro. Ele não descerá do Céu para vir morar em nosso coração.

O amor não é um dom gratuito. É preciso

conquistá-lo. Como?

É necessário buscar sua fase visível, seu lado objetivo e concreto, que se chama Caridade. A Caridade é a visibilidade do Amor, é a sua concretização.

Não podemos, somente porque desejamos conquistar o Amor. Mas, basta querermos, para praticarmos a Caridade. Ela é o pão para o faminto, o remédio para o enfermo, o cobertor para o preso.

É o dinheiro transformado em oportunidades de trabalho, educação e saúde. E também a palavra de estímulo e o conselho salvador.

É a fraternidade dinâmica, a solidariedade operosa. É o Bom Samaritano em ação. A Caridade é a ponte por meio da qual se chega ao amor.

De Caridade e de amor falam os versos de Alberto de Oliveira, que têm por título:

AJUDA E PASSA

> *Estende a mão fraterna ao que ri e ao que chora:*
>
> *O palácio e a choupana, o ninho e a sepultura,*
>
> *Tudo o que vibra espera a luz que resplendora,*

Na eterna lei de amor que consagra a criatura.

Planta a bênção da paz, como raios de aurora,

Nas trevas do ladrão, na dor da alma perjura;

Irradia o perdão e atende, mundo afora,

Onde clame a revolta e onde exista a amargura.

Agora, hoje e amanhã, compreende, ajuda e passa;

Esclarece a alegria e consola a desgraça,

Guarda o anseio do bem que é lume peregrino...

Não troques mal por mal, foge à sombra e à vingança,

Não te aflija a miséria, arrima-te à esperança.

Seja a bênção de amor a luz do teu destino.

Capítulo **19**

A reencarnação e o mundo espiritual(I)

Se a uma pessoa que acredita no Céu e no Inferno, perguntarmos como imagina esses lugares, nós veremos que ela vai se embaraçar e não vai responder.

Algumas imagens vagas e incompletas passam-lhe pela cabeça, as quais ela nunca se deteve para analisar. No fundo, considera essas imagens infantis e folclóricas: anjos tocando ociosas harpas, sentados sobre nuvens; São Pedro empunhando uma chave enorme, em um lugar onde não existe qualquer porta para ser fechada ou aberta; um simpático velhinho, ainda mais vetusto do que São Pedro, representando o Deus-Pai, um jovem louro, de feições delicadas, personificando o Filho, e uma pomba, figurando o Espírito Santo.

Como ideia do Céu, não poderia ser mais pobre, nem mais infantil, nem menos convincente. E a pessoa, a quem fizemos a pergunta, sabe disso e, encabulada, não nos responde.

Porém, as coisas ficam ainda piores quando esse alguém tenta pensar no Inferno.

Caldeirões de água fervente. Tridentes em brasa. Tudo incandescente, tudo de um vermelho rubro, até os próprios diabos – estes exibindo grandes chifres e grandes rabos (muito perigosos para quem trabalha com fogo e tem rabo-de-palha).

Não pode haver cenário mais pueril e ridículo. E o nosso interlocutor, percebendo isso, fica mudo diante da nossa pergunta a respeito do Céu e do Inferno.

Ora, uma pequena reflexão acerca do assunto evidencia que as paragens do Além-Morte não podem ser assim. Convence-nos, além disso, de que qualquer revelação acerca do Outro Lado da Vida tende a parecer estranha, surpreendente, quase absurda, seja por descrever coisas e seres muito diferentes a que estamos habituados na Terra, seja por conter demasiada semelhança com as paisagens e os habitantes do mundo material.

Paga-se por se ter cão e por não se ter cão. Apanha-se no canto, ou na beira (como costumamos dizer lá na minha querida Tietê)...

De fato, o espanto e a incredulidade são quase inevitáveis...

Tente o leitor, por exemplo, imaginar a Pátria Eterna como um mundo sem formas, onde as almas (totalmente imateriais, impalpáveis, informes e invisíveis), sejam pequenas lufadas de vento, ou sons de breve duração, perdidas no Infinito Azul...

Pense, agora, em um Paraíso Geométrico, onde os espíritos, conforme sua hierarquia seriam ângulos, triângulos, retângulos, losangos, elipses e círculos...

Ou, ainda, em um "Além-do-Arco-Íris", onde as almas fossem vermelhas, alaranjadas, amarelas, verdes, azuis, aniladas ou violetas...

Seria lindo, principalmente se nas festas juninas dessa região celeste as bandeirinhas fossem pintadas pelo Volpi...

Vamos supor, ainda, um Céu-de-Harmonia, onde cada alma seja uma nota musical, de Dó a Si...

Não! Vamos parar por aqui. Já deu para perceber que, seja ela qual for, a notícia a respeito do Outro Plano sempre parecerá estranha...

Conscientes disso, tentemos utilizar algumas inferências, ilações ou deduções, que nos ajudem a equacionar melhor o assunto.

Vamos admitir algumas verdades gerais (ou premissas), a partir das quais buscaremos atingir conclusões corretas, ou ao menos, racionalmente aceitáveis.

a) Deus é sábio e, por isso não criou nada que seja ilógico, absurdo, contrário à razão. É isso que nos revela a grandiosidade e a ordem do Universo, bem como todo e qualquer detalhe da Obra Divina: Deus é sábio.

b) A natureza não dá saltos, como já afirmavam os romanos ("Naturanon facit saltus"), e acima de tudo, como nos demonstra o exame da própria Mãe Natureza. Entre a claridade do dia e a escuridão da noite, interpõem-se os meios-tons do crepúsculo. E entre as sombras da noite densa e a frouxa luminosidade do dia nascente, intercala-se o rosicler da aurora.

Tudo é gradativo, paulatino, proporcionado.

A Natureza tem horror aos abismos...

Assim, partindo das premissas de que Deus é sábio e a Natureza não dá saltos, talvez possamos deduzir como é, ou como deve ser o Mundo Espiritual.

Um homem é um conjunto espírito-corpo, como acreditam e ensinam todas as religiões.

Após a morte física, o corpo volta ao pó da terra (*tu és pó e em pó te tornarás*), e o espírito, então despojado de seu envoltório, regressa à Pátria Eterna.

Ora, o espírito indestrutível é, seja dentro do invólucro corporal, seja fora dele (encarnado ou desencarnado), continua idêntico a si mesmo.

Uma laranja, da qual se retira a casca, não deixa de ser uma laranja, e um homem sem roupa não deixa de ser um homem...

Do mesmo modo, um espírito sem corpo físico é o mesmo espírito que habitava um corpo. Não é um fantasma, não é uma criatura irreal e imprecisa. É um ser vivo, racional, que ama, sofre, luta, aprende, tal qual acontecia antes de se libertar do invólucro carnal.

Ficar livre do corpo não significou para ele um grande milagre. Tal qual aqui, no Espaço não pode tudo, não sabe tudo. É um ser comum.

Um espírito não é algo semelhante a um ser humano; é o próprio ser humano. Assim, um Deus sábio e uma Natureza que não dá saltos só podem oferecer-lhe, após a morte, um ambiente parecido com aquele no qual viveu na Terra.

Isso é o que sugerem a sabedoria, a lógica e a lei natural.

Por ora, tentaremos verificar se a Bíblia (aceita por todos os cristãos) permite-nos imaginar os espíritos com uma forma semelhante à humana, isto é, se a Bíblia relata aparições de espíritos e se, nessas aparições, eles se apresentam com aparência humana.

A resposta é inequívoca: a Bíblia menciona

dezenas de aparições de anjos (palavra que quer dizer mensageiros) e de varões, ou seja, de homens.

Esses anjos e varões aparecem vestidos, ouvem, falam, são entendidos por pessoas terrenas e exercem influência sobre coisas materiais (desamarram pessoas, abrem portas de prisões, etc.).

Têm um corpo diferente do nosso, até certo ponto. Com esse corpo (espiritual) conseguem penetrar em aposentos fechados e aparecem e desaparecem repentinamente. Mas, algumas vezes, adensam esse corpo etéreo, até materializá-lo completamente, atuando sobre o mundo físico e agindo diante das pessoas terrenas como se fossem iguais a elas.

Para não alongar demais nossa narrativa, selecionei apenas quatro casos de aparições bíblicas.

a) Jacó, o patriarca, filho de Isaque e neto de Abraão, nas proximidades do vau do rio Jaboque, que teria lutado com um anjo, ou varão, durante uma noite inteira. A peleja teria sido tão dura que o anjo deslocara a coxa de Jacó, e este ficou manco em consequência da luta. (Gênesis: 32,22-32).

b) Logo após o nascimento de Jesus, um anjo apareceu aos pastores nos arredores de Belém. Falou com eles, anunciando a boa nova e indicando os sinais que lhes permitiram identificar o menino. Em seguida, uma multidão de anjos apareceu, dizendo em coro: *Glória nas alturas, e paz na Terra, boa vontade para com os homens.* (Lucas: 2,8-14).

c) No episódio da transfiguração, no Monte Tabor, quando o rosto de Jesus resplandeceu como o sol e suas vestes se tornaram "brancas como a luz", Moisés e Elias apareceram a seu lado, conversando com Ele. Pois bem: os espíritos de Moisés e Elias (profetas que tinham vivido centenas de anos atrás) estavam tão perfeitamente materializados, que o apóstolo Pedro propôs a Jesus construir *três tendas, uma para ti, e uma para Moisés, e uma para Elias.* (Mateus: 17,1-8).

d) Um anjo penetrou na prisão onde Pedro estava detido. Acordou-o, retirou-lhe as algemas, mandou que o apóstolo se vestisse e, passando por dois guardas e abrindo a porta de ferro, conduziu-o para fora do local. (Atos: 12,1-11).

Em todos esses exemplos, notamos uma total semelhança entre os espíritos (anjos, varões) e as pessoas humanas.

Em vista disso, todos aqueles que acreditam na Bíblia deveriam estar preparados para a ideia de que, após a morte, as almas continuam semelhantes ao que eram na Terra.

A esse respeito eu falarei em seguida.

Capítulo 20

A reencarnação e o mundo espiritual (II)

$\mathcal{D}$e acordo com o ensinamento da Doutrina Espírita, como se apresenta a alma no Além? *Ela tem um fluido que lhe é próprio, tomado da atmosfera de seu planeta e que representa a aparência de sua última encarnação: seu perispírito.*

Foi essa a resposta dada pelos Instrutores Espirituais a Allan Kardec, o insigne Codificador de nossa Doutrina, ante a pergunta de nº150 de **O Livro dos Espíritos.**

Mais adiante, em um comentário pessoal de Kardec, aprendemos que *o perispírito é o laço que une o Espírito à matéria do corpo, sendo tirado do meio ambiente, do fluido universal; contém ao mesmo tempo, eletricidade, fluido magnético e, até certo ponto, a matéria inerte.* (tópico 257 - **O Livro dos Espíritos**).

Esse envoltório do espírito já recebera do apóstolo Paulo a designação de *corpo espiritual* (I Coríntios: 15,44), e remotas doutrinas esotéricas o denominavam "corpo sidéreo", "duplo etéreo", e "corpo astral". Era bastante conhecido nas religiões da antiga Índia, do Egito e da Grécia, entre outras.

Nas obras espíritas mais recentes, além dos designativos tradicionais, tem sido chamado "corpo sutil, psicossoma, corpo psicossomático, corpo causal".

Ora, esse revestimento do espírito (feito de matéria quintessenciada, de eletromagnetismo, ou de antimatéria), embora muito sutil e muito fluido, quando comparado ao corpo fisiológico é algo real e delimitado. Tem a forma humana e reproduz, em linhas gerais, a aparência que tivemos na última encarnação.

Sabemos que o corpo espiritual não tem, sempre, a mesma densidade. Quanto mais evoluído o espírito, mais leve, sutil e brilhante é o seu psicossoma.

Tendo em vista a singela finalidade deste trabalho, não podemos nos demorar no estudo acerca do perispírito, que constitui uma das mais fascinantes e complexas questões de nossa Doutrina.

Passemos, pois, ao exame do ambiente em que vive nossa alma na esfera física, prevenindo o leitor de que a Espiritualidade Maior sempre soube dos riscos e dificuldades do tema, que se presta, simultaneamente, à curiosidade e à incredulidade dos homens.

Em célebre e encantadora narrativa – a ***Pará-***

bola do Rico e Lázaro, Jesus descreve, de passagem, uma cena do Mundo Espiritual que vale a pena reproduzir aqui. (Lucas,16:19-31).

Ora, havia um homem rico, e vestia-se de púrpura e de linho finíssimo, e vivia todos os dias regalada e esplendidamente. Havia também um certo mendigo, chamado Lázaro, que jazia cheio de chagas à porta daquele. E desejava alimentar-se com as migalhas que caíam da mesa do rico; e os próprios cães vinham lamber-lhe as chagas. E aconteceu que o mendigo morreu, e foi levado pelos anjos para o seio d'Abraão; e morreu também o rico, e foi sepultado. E no Hades, ergueu os olhos, estando em tormentos, e viu ao longe Abraão, e Lázaro no seu seio. E, clamando, disse: Pai Abraão, tem misericórdia de mim, e manda a Lázaro que molhe na água a ponta do seu dedo e me refresque a língua, porque estou atormentado nesta chama. Disse, porém, Abraão: Filho, lembra-te de que recebeste os teus bens em tua vida, e Lázaro somente males; e agora este é consolado e tu atormentado. E, além disso, está posto um grande abismo entre nós e vós, de sorte que os que quisessem passar daqui para vós não poderiam, nem tão pouco os de lá passar para cá. E disse ele:

Rogo-te, ó Pai, que o mandes à casa de meu pai. Pois tenho cinco irmãos; para que lhes dê testemunho, a fim de que não venham também para este lugar de tormento. Disse-lhes Abraão: Têm Moisés e os profetas; ouçam-nos. E disse ele: Não, pai Abraão; mas, se algum dos mortos fosse ter com eles, arrepender-se-iam. Porém Abraão lhe disse: Se não ouvem a Moisés e aos profetas, tampouco acreditarão, ainda que algum dos mortos ressuscite. (sic)

Conhecida a Parábola, ficamos sabendo que no Além há lugares de sofrimento e lugares felizes, pois o rico estava em tormentos (e até com sede), enquanto Lázaro, ao lado de Abraão (o grande patriarca hebreu), estava em local distante e agradável.

Vemos também que o rico reconhece Lázaro, o ex-mendigo, desfrutando, naquele momento, o feliz convívio de Abraão.

Finalmente, o Rico dirige a palavra ao Patriarca que responde negativamente a dois pedidos seus.

E então, perguntará o leitor?

Então, estamos vendo que, na descrição do Mestre a Vida Espiritual guarda certa semelhança com a vida terrena. E não poderia ser de outro modo, pois Deus é sábio e a Natureza não dá saltos...

A vida é uma sequência, uma continuidade,

uma coisa gradual na Terra como na Espiritualidade.

Os homens, acostumados às formas e atividades terrestres, irão encontrar formas e atividades semelhantes, após a simples mudança de cenário, que é a morte corporal.

Não sabemos ao certo até que ponto a Terra copia o Mundo Espiritual, ou o oposto acontece. Não é muito importante saber quem nasceu primeiro, o ovo ou a galinha...

O que importa notar é que, inegavelmente, existem significativas e fortes semelhanças entre os dois mundos em que nossa evolução, alternadamente, se processa.

Depois da exposição de tantos argumentos, é hora de perguntar: – O que dizem os espíritos a respeito do mundo onde vivem, já que ninguém melhor do que eles poderá descrever o lugar em que se encontram?

Comecemos por uma afirmativa de ordem doutrinária: a revelação das verdades espíritas é gradual e sucessiva, acompanhando os progressos da cultura, da ciência e do próprio comportamento da Humanidade. Os Benfeitores Espirituais não fazem revelações inoportunas ou prematuras, capazes de gerar desequilíbrios ou transtornos à vida terrena, ou que antecipem conhecimentos a serem alcançados na própria Terra.

Desse modo, não ensinaram tudo o que sabiam, à época da Codificação (e Allan Kardec disse isso) e não proclamam tudo o que sabem, nos tempos atuais, decorridos 155 anos da publicação de *O Livro dos Espíritos*...

No entanto, com a evolução dos conhecimentos filosóficos, científicos e técnicos (lembre-se de que, no tempo de Kardec, ainda *não havia luz elétrica*), algumas verdades novas vão sendo, pouco a pouco, transmitidas pela Espiritualidade.

É a lei da evolução, a que nada pode fugir.

Em *O Livro dos Espíritos*, o capítulo VI trata, especificamente, da "Vida Espírita". Sua leitura deixa perceber que as Entidades comunicantes, ao se referirem à condição de erraticidade das almas e aos mundos transitórios que lhes servem de pouso, não ministraram muitos elementos de compreensão da vida Espiritual.

O dia a dia (digamos assim) dos espíritos desencarnados não ficou suficientemente nítido e inteligível.

Em verdade, naqueles textos, a Vida espiritual chega a parecer um simples intervalo entre as encarnações, algo meramente transitório e precário, dependente e acessório do regresso ao Planeta.

São muito sintomáticas dessa impressão as questões de números 224, 225 e 234 da obra citada e, particularmente, a de número 225, por meio da qual se indaga se o fato de *estar na erraticidade* significa demérito, depreciação, rebaixamento para o espírito.

Vemos que a própria pergunta envolve a ideia de que o espírito errante seja um ser incompleto, uma espécie de preocupado inquilino à procura de casa.

Os mencionados mundos transitórios, por sua vez, não afastam, antes reforçam tal sensação de instabilidade e precariedade (vide questão 234 e 236 da obra em estudo).

Por que os espíritos encarregados de trazer ao mundo a Terceira Revelação não teriam sido mais claros a esse respeito? Por que não se referiam às colônias espirituais, organizadas e ativas, felizes e estáveis, de que nos falam as obras de André Luiz?

É razoável supor que, transmitida na fase do Espiritismo, a notícia clara e precisa acerca de detalhes da vida no Além seria prejudicial à difusão das novas ideias, pela surpresa e pelo descrédito que poderiam causar.

Senão, vejamos.

Decorridos quase cem anos da Codificação, a Espiritualidade Maior veio a se utilizar da excepcional faculdade mediúnica de Chico Xavier e da exemplar boa vontade do espírito André Luiz, para trazer à coletividade espírita uma série de livros a respeito do tema.

São treze volumes em que o ex-médico terreno

informa tudo o que se refere à vida na Espiritualidade, abordando seus variados aspectos, com amplitude e profundidade.

Excelente observador, nada lhe escapa à sadia curiosidade. Assim, por meio de seus livros, podemos fazer um completo curso de preparação para nossa Vida Futura...

No entanto, apesar da indiscutível confiabilidade do médium, da competência do autor espiritual, da chancela da editora (pertencente à Federação Espírita Brasileira) e do aplauso dos mais ilustrados espíritas, as obras de André Luiz (apesar de tudo!) mereceram críticas e restrições de não poucos confrades. E isso aconteceu em nosso país, tão pronto à crença, e até à credulidade.

Por que?

Porque as notícias eram (e são) inusitadas, inevitavelmente surpreendentes e chocantes. Às vezes, como já foi dito, por mostrarem muita semelhança com nosso mundo. Outras, pela razão oposta...

Em face de tais motivos, compreendemos porque as Entidades Superiores que presidiram à Codificação Kardecista (na França do Positivismo, da dúvida e do ceticismo e, além do mais, inaugurando a ideia espírita), tiveram a cautela de não enfrentar essa questão polêmica, deixando para depois sua revelação mais ampla e minuciosa.

Voltemos à realidade atual.

Por meio de André Luiz, ficamos sabendo da existência de regiões purgatoriais (como Umbral e as Trevas), rodeando a Crosta (ou seja, o mundo físico), e em permanente intercâmbio com a população encarnada no Planeta.

Trata-se de lugares sombrios e caóticos, onde desagradável aspecto do ambiente rivaliza com a indisciplina e a conduta desequilibrada de seus habitantes.

Algo semelhante a um imenso manicômio, onde não houvesse pessoal técnico cuidando dos pacientes, entregues, assim, à própria demência e à própria sorte.

Em lugares dessa espécie (purgatoriais, quer dizer, onde os espíritos se purificam ou expiam suas faltas), encontram-se os indivíduos cuja vida terrestre se caracterizou por erros gravíssimos. Aí permanecem até que se arrependam e se disponham a retificar suas ideias e suas vidas, abraçando os justos deveres que lhes permitam acertar contas com a Lei Divina.

São lugares transitórios, portanto.

Os espíritos dotados de boa vontade e de sincero desejo de aperfeiçoamento (muito embora ainda ostentem defeitos e imperfeições diversas, pois se trata de pessoas comuns), residem em colônias espirituais muito semelhantes às cidades terrestres.

André Luiz menciona algumas delas, fornecendo-nos uma detalhada descrição da colônia denominada "Nosso Lar", da qual veio tornar-se um morador.

Trata-se de uma cidade espiritual (fundada por portugueses desencarnados no Rio de Janeiro, no século XVI), habitada por um milhão de almas, aproximadamente, na época[1].

Dirigida por um governador e 72 ministros, a colônia dispõe de todo o equipamento existente em uma cidade terrena do mesmo porte: praças, ruas, prédios, bosques, rios, transportes, serviços de toda ordem.

Não é preciso mais dizer para se compreender que, após a morte, a vida continua, constituindo sequência natural às experiências da Terra.

Trabalho, estudo, relações sociais e pessoais, tudo sem alterações profundas ou absolutas. Melhoramento gradativo, isto sim.

Em uma colônia espiritual não ocorre a reunião heterogênea de pessoas, que torna tão difícil a convivência social na crosta (assim os espíritos se referem à Terra), pois cada espírito vive na situação hierárquica que lhe é própria.

O pensamento geral, a filosofia de vida da comunidade baseia-se nos Evangelhos, o que facilita o entendimento entre as pessoas, o encontro de pontos

---

[1] Início da década de 40.

de concordância, ou consenso.

As funções e o trabalho, em todos os níveis, são desempenhados pelos indivíduos mais capacitados para exercê-los, realizando-se o ideal de ter-se "a pessoa certa, no lugar certo".

A existência, enfim, é encarada sob o ângulo da Eternidade ("sub specieaeternitatis", assim ensina a Filosofia) e não sob a ótica temporal humana. Desse aspecto básico resultam o estímulo para o progresso individual, a confiança na Justiça Divina, o espírito de solidariedade e tudo o mais que embeleza e dignifica a Vida.

Com esse enfoque, viver não é perigoso, como pensava o grande Guimarães Rosa, viver é delicioso...

Última questão: – Quanto tempo nós permanecemos no Mundo Espiritual?

Em média, algo parecido com a duração da vida na Terra, às vezes, muito curta, às vezes bastante longa.

Na Espiritualidade é mais fácil superar os altos índices de permanência no mesmo plano.

Informa André Luiz que o governador do "Nosso Lar" exerce a função administrativa há bem mais de cem anos.

Que não o saibam os caudilhos e políticos sul--americanos...

Capítulo 21

Atos preparatórios da reencarnação

$\mathscr{A}$ reencarnação não obedece a padrões únicos e pré-estabelecidos.

O processo, mediante o qual se realiza, varia substancialmente, conforme o grau de elevação do espírito reencarnante.

Grande número (talvez, o maior número) dos espíritos ligados à evolução da Terra pertence à categoria das almas em simples e natural processo evolutivo, comparáveis a crianças em fase de aprendizado e amadurecimento.

Por sua limitada capacidade intelectual, bem como por sua frágil personalidade, tais espíritos atravessam a fronteira da morte e retornam ao rio da vida física como meninos adormecidos. Para eles funciona, espontaneamente, a lei da hereditariedade fisiológica. E a mente materna se encarrega da tarefa inicial da formação do feto que, a rigor, competiria ao espírito reencarnante.

Por meio desses mecanismos naturais, renascem na crosta milhões de espíritos, como grandes florestas se formam e se desenvolvem, obedecendo às leis da Natureza, sem a intervenção do homem.

Procedimento muito diferente verifica-se quando a entidade reencarnante é detentora de um considerável padrão evolutivo. Não estamos falando de espíritos iluminados, ou já libertos das fragilidades humanas. Tratam-se, apenas, de criaturas dotadas de razoável bagagem de inteligência e sensibilidade moral, pessoas comuns, cujas vidas apresentam acertos e desacertos, mas capazes de sinceridade, perseverança e desejo de evoluir.

Espíritos com essas características, infalivelmente, encontram-se ligados a alguma colônia espiritual. E nesta se iniciam os preparativos para seu renascimento físico, chegando o momento oportuno.

Em "Nosso Lar", por exemplo, existe um "Serviço de Planejamento de Reencarnações", onde se desenvolvem intensas atividades na preparação do retorno à esfera física.

Trata-se de um verdadeiro instituto onde técnicos em diversas especialidades dedicam-se à realização de projetos concernentes a futuros corpos terrenos.

Quando um espírito, ligado à colônia, prepara-se para o regresso à vida material, desde logo procura o "Serviço de Planejamento de Reencarnações", a fim de que seu caso seja submetido a estudo e programação.

Nos diversos departamentos em que se subdivide o Serviço, especialistas em Anatomia, Biologia, Embriologia e Genética examinam os antecedentes cármicos do reencarnante, suas necessidades de retificação e aprimoramento, a carga genética dos futuros pais e a soma de fatores fisiológicos e espirituais que irão influir no corpo em questão.

Não podemos nos esquecer de que o veículo físico que utilizamos na Terra resulta, em primeiro lugar, da herança biológica, das características genéticas transmitidas por nossos pais que, por sua vez, receberam-na de seus ascendentes.

Essa é a matéria-prima do nosso corpo terreno e, por isso, se nossos pais pertencem à raça branca, nascemos brancos. E nascemos com a cor amarela e os olhos amendoados, se descendemos de asiáticos.

Se durante a gravidez, nossa mãe contrai rubéola ou ingere sustâncias tóxicas, corremos o risco de nascer com problemas orgânicos.

Portanto, sem qualquer dúvida, nosso corpo decorre do patrimônio genético e das condições físicas de nossos pais: a carne herda da carne.

E o Espírito? Não tem qualquer influência sobre as leis da hereditariedade? Pode a mente espiritual interferir na organização dos cromossomos, modificando assim os mecanismos da herança genética?

A resposta é: sim, em termos.

Ensina-nos André Luiz que, quanto mais elevado o espírito reencarnante, mais intensa é a sua participação na formação do novo corpo. Mais decisiva é a sua interferência nos cromossomos (corpúsculos que transmitem os caracteres hereditários), visando a alterar o determinismo da herança física, conforme as necessidades peculiares às experiências que deverá enfrentar na Terra.

O assunto é complexo e justifica a utilização de exemplos.

Um oleiro não pode mudar a qualidade da argila com que trabalha, mas dá ao barro a forma que deseja.

Um tecelão que só disponha de fios brancos e pretos não pode fazer um tecido em cores, mas realiza a trama alvinegra com desenhos a seu gosto.

Um datilógrafo não consegue alterar os tipos de sua máquina, mas com eles escreve o que deseja. (hoje seria um digitador)

O espírito influi sobre os cromossomos de que dispõe. Não os altera, mas os organiza a seu modo.

Por isso, afirmei que a mente do espírito reencarnado influi, *em termos* (isto é, até certo ponto), sobre o corpo que terá na vida terrena.

Não é demais repetir que essa influência é proporcional ao grau de adiantamento do espírito. Quanto mais elevado, mais interfere ele no mecanismo genético.

Falamos, até aqui, de almas medianamente evoluídas, portadoras de qualidades e imperfeições.

No que concerne às almas em fase inicial de evolução, cumpre lembrar que são internadas no corpo, sem a consciência do próprio ato – e lógico que não interferem na hereditariedade a cujas leis se submetem passivamente.

No extremo oposto da hierarquia espiritual, temos a situação das almas enobrecidas, dos missionários, dos "completistas", que vêm ao Planeta em apostolado sublime.

Esses podem escolher sua família terrena, influenciar profundamente na formação de seus corpos (no que são secundados por forças de ordem superior) e, ademais, recebem cuidados especialíssimos, adequados às tarefas que irão desempenhar no mundo.

Pensadores eminentes merecem particular cuidado na organização da estrutura cerebral; cirurgiões notáveis recebem assistência na formação do sistema nervoso, e assim por diante.

Tudo é lógico e proporcional na Lei Divina...

Entretanto, não imaginemos que essas almas eleitas solicitem privilégios físicos, de modo a exibirem primorosas formas no cenário terrestre.

Não têm necessidade de se reencarnarem, pois a escola da Terra nada mais lhes pode ensinar, mas deixam as resplendentes mansões do Além para enfrentar os contrastes do nosso mundo.

Não têm dívidas cármicas a pagar, pois já se converteram em fiéis mensageiros do Bem. Todavia, surgem na Terra com aparência modesta, vivendo na pobreza e na obscuridade e, não raro, se sobrecarregam de enfermidades e inibições...

Por diferentes motivos decidiram trocar o Mundo das Luzes em que viviam pelo "Vale de Lágrimas" de um planeta onde a fome ainda aniquila crianças, onde adultos nem sempre têm direito ao trabalho digno, e onde a velhice é considerada um peso morto para a sociedade. Onde quem sobrevive à fome pode não sobreviver à injustiça, e quem sobrevive a ambas se sujeita a sucumbir à velhice sem conforto e sem lar.

Mas, apesar de tudo, eles vêm.

Vêm porque um ser amado solicita companhia e assistência...

Vêm porque uma canção pode fazer a vida mais bela, ou uma vacina pode salvar milhões de vidas.

Vêm porque um conceito novo pode tornar

mais justa a Justiça dos Homens, ou porque renovadora ideia política pode reduzir as disparidades sociais.

Vêm porque é preciso alguém com bastante coragem para morrer por uma causa, ou com idealismo necessário a consagrar sua vida ao serviço de todos.

Apesar de tudo, eles vêm...

É evidente que as três categorias de espíritos que acabamos de mencionar não esgotam a imensa variedade dos tipos humanos. Toda classificação é, inevitavelmente, artificial e incompleta. Serve apenas para facilitar a compreensão do assunto.

Em realidade, cada pessoa humana é um ser inconfundível por seu passado, por seu presente e por seu futuro. É um universo próprio, não cabendo em nenhuma categoria, em nenhum esquema.

Observação final: todas as informações reunidas neste capítulo, bem como as que surgirão no próximo, foram extraídas dos seguintes livros de André Luiz (psicografados por Chico Xavier e editados pela FEB): ***Nosso Lar, Missionários da Luz, Entre a Terra e o Céu*** e ***Evolução em Dois Mundos***.

Guardo a esperança de que o leitor sinta-se estimulado a ler tais obras, realmente indispensáveis ao conhecimento da realidade espiritual que nos aguarda no Além.

Capítulo 22

A expectativa da reencarnação

$\mathcal{D}$e maneira genérica, pode-se dizer que no Mundo Espiritual a reencarnação é vista como tarefa penosa e difícil. Todos a reconhecem como justa e necessária, mas, ao mesmo tempo, geradora de receio e apreensão.

Dos muitos casos relatados nas obras mediúnicas não conheço nenhum em que a entidade reencarnante pareça feliz ou tranquila. A expectativa do renascimento aparece sempre cercada de insegurança e de ansiedade.

Os Benfeitores Espirituais procuram atenuar esse estado de ânimo, argumentando com as vantagens morais que irão decorrer da nova experiência física. Com esse objetivo, incentivam o reencarnante, ponderando que, na Terra assim também no Plano Espiritual, nunca nos falta o Amparo Divino. Lembram que antigos companheiros estarão à sua espera, no cenário do mundo, na qualidade de parentes e amigos, prontos a auxiliá-lo.

Percebe-se que os espíritos prestes a renascer esforçam-se por assimilar os argumentos, porém permanecem inquietos e cheios de dúvidas, diante das dificuldades que irão enfrentar na Terra.

Parecem colegiais às vésperas de exames difíceis. Receiam não estar preparados devidamente; mais do que nunca lamentam suas deficiências morais e angustiam-se por saber que os fracassos são comuns nas lutas do mundo físico.

Com os informes de que já dispomos acerca da Vida Espiritual, podemos compreender, sem dificuldade, a hesitação dos espíritos que precisam retornar ao plano da matéria.

É o que podemos sentir nos versos de Alfredo Nora, que descrevem com fina ironia as dificuldades do renascimento.

REENCARNAÇÃO

Reencarnação é façanha

Em que a vida se acabrunha.

A carne nos pega à unha,

Na treva em que se emaranha.

E surge esta coisa estranha:
Cada qual é testemunha
Do passado que se empunha
Do presente que se apanha.

Feliz de quem se componha
Na estrada clara e risonha
Do bem que a salvar se empenha.

Alma que ao corpo se aninha
Serve, segue e vai na linha
Ou recua e leva lenha.

Sem dúvida, a vida dos espíritos nas colônias do Espaço é infinitamente mais alegre e estimulante do que a existência, onde "quem recua leva lenha"...

Há maior leveza, agilidade e plasticidade do perispírito, em comparação ao corpo físico, este tão sujeito a doenças e disfunções; a incomparável beleza das paisagens do Além; a prodigiosa qualidade estética das habitações, edifícios, templos, jardins, etc.; a percepção mais completa das luzes, cores, sons e perfumes (fenômeno chamado hiperestesia) e, principalmente, a homogeneidade dos habitantes das colônias espirituais – tudo, enfim, torna preferível viver na Pátria Eterna.

Deixar todas essas maravilhas, para retornar às vicissitudes do mundo físico, não pode mesmo ser causa de alegria para ninguém...

No entanto, quando pensamos nos desacertos da conduta humana, compreendemos que a Terra poderia ser um paraíso, se tantos homens não fizessem tanto para lhe destruir a harmonia.

A devastação das matas, a poluição das águas e do ar, a criminosa irresponsabilidade perante a erosão das terras férteis, o extermínio dos peixes, aves e animais revelam o bárbaro mundo interior de muitos indivíduos que habitam nosso globo.

A casa – mais do que qualquer coisa – revela o íntimo de seus moradores. E nossa casa (a Terra que, vista do alto, é azul) converteu-se em um triste depoimento acerca da Humanidade.

Porém, confiamos em que as leis da Vida não comportam retrocessos. E dia após dia (inicialmente tímido e incompreendido, ridicularizado até), o movimento ecológico vai se fortalecendo e ampliando em todos os países do Globo.

Já existem muitas crianças que alimentam os passarinhos, em vez de prendê-los, e jovens que se interessam em preservar as espécies de árvores do nosso planeta, ao invés de cortá-las.

Já se aprende a amar o "verde, que te quero verde", na poesia e na realidade.

Quem sabe se, um dia, renascer na Terra não seja mergulhar no escuro, mas sim, mergulhar no Verde...

Então, a Vida e a Morte andarão de mãos dadas, como duas moças provincianas em uma tranquila tarde de domingo...

Enquanto isso não acontece, voltemos ao ponto central do nosso tema.

Uma das dificuldades que cercam o retorno à carne diz respeito ao relacionamento entre o reencarnante e os demais componentes de sua futura família terrena.

Já sabemos que, muitas vezes, pessoas que se odiaram no passado precisam reaproximar-se pelos laços do parentesco.

Nesses casos, profundos sentimentos de aversão e antipatia precisam ser vencidos para tornar possível o reencontro. E bem podemos avaliar o medo e a ansiedade do espírito que deve regressar ao mundo para se converter em filho ou irmão do adversário de outras vidas...

Esquecer e perdoar, a distância, já não é coisa fácil. Muito mais difícil, no entanto, é enfrentarmos uma vida inteira ao lado do desafeto de outrora, dependendo de sua proteção paternal para sobreviver.

Por causa disso, Jesus nos recomenda:

Concilia-te depressa com o teu adversário, enquanto estás no caminho com ele, para que não aconteça que o adversário te entregue ao juiz, e o juiz te entregue ao oficial, e te encerrem na prisão. Em verdade te digo que de maneira nenhuma sairás dali enquanto não pagares o último ceitil. (Mateus: 5,25-26).

A prisão, certas vezes, é o lar onde o Juiz (ou seja, a Lei de Causa e Efeito) ordena que sejamos detidos, enquanto não pagarmos nossa dívida moral até o último ceitil...

Dura Lex, sed lex.

O que seja, para os Espíritos Evoluídos, retornar a mundos inferiores, tal qual a Terra, podemos compreender por meio do poema mediúnico de Augusto dos Anjos, em que se espelha à "estranha desdita" em regressar à vida física.

Vale a pena ler, e refletir.

ANÁLISE

*Oh! Que desdita estranha a de nascermos
Nas sombras melancólicas dos ermos,*

Nos recantos dos mundos inferiores,
Onde a luz é penumbra tênue e vaga,
Que, sem vigor, fraquíssima, se apaga
Ao furacão indômito das cores.

Voracidade onde a alma se mergulha,
Apoucado Narciso que se orgulha
Na profundeza ignota dos abismos
Da carne, que, estrambótica, apodrece;
Que atrofiada, hipertrófica, parece
Cataclismo dos grandes cataclismos.

Prendermo-nos ao fogo dos instintos,
Serpentes entre escrófulas e helmintos,
Multiplicando as lágrimas e os trismos,
Tendo a alma – centelha, luz e chama –
Amalgamada em pântanos de lama,
Em sexualidades e histerismos.

Misturamos clarões de sentimentos
Entre vísceras, nervos, tegumentos,
Na agregação da carne e dos humores,

Atrocidade das atrocidades;
Enegrecermos luminosidades
Na macabra esterqueira dos tumores.

E nisto achar fantásticos prazeres,
Ilusão hiperbólica dos seres
Bestializados, materializados;
Espíritos em ânsias retroativas,
No transcorrer das vidas sucessivas,
Nas ferezas do instinto, atassalhados...

Mas a análise crua do que eu via,
Hedionda lição de anatomia,
É mais que uma atrevida aberração;
Que se quebre o escalpelo de meus versos:
Entregamos a Deus seus universos
Que elaboram a eterna evolução.

Capítulo 23

Um caso exemplar de reencarnação

$\mathcal{N}$a obra de André Luiz, intitulada **Missionários da Luz**, encontramos um exemplo típico de reencarnação, rodeado de todas as circunstâncias que nos interessam ao aprendizado.

Vamos ao caso.

O espírito chamado Segismundo, depois de demorada permanência em regiões inferiores e trevosas do Espaço, prepara-se para renascer, a fim de reparar graves erros do pretérito. Para tanto, deverá reencarnar-se no Rio de Janeiro, no lar formado pelo casal Adelino – Raquel.

Em uma vida anterior, os componentes desse trio foram personagens pertencentes a um violento drama passional: Segismundo manteve um caso amoroso com Raquel, que também naquela existência era casada com Adelino. Descoberta a ligação adulterina, os dois rivais envolveram-se em confronto armado, em que Segismundo assassinou Adelino.

A partir daí, muitas desgraças se abateram sobre os protagonistas da lastimável tragédia sentimental.

Adelino, a vítima do assassino, passou para o Mundo Espiritual envolvido em vibrações de ódio e de vingança. Segismundo, o homicida, passou a trilhar o espinhoso itinerário dos que carregam insuportáveis culpas na consciência. Raquel, por sua vez, frágil e humilhada, sucumbiu ao desespero e ao abandono, tal qual ave ferida, no lodaçal de um prostíbulo.

Desencarnados todos, vaguearam durante anos por zonas sombrias do Espaço, purgando, lentamente, os remorsos que carregavam nas consciências. Finalmente, Adelino e Raquel (menos sobrecarregados de culpas do que Segismundo) foram socorridos por Amigos Espirituais de outras vidas.

Por intercessão desses Benfeitores eles obtiveram a bênção do recomeço, devendo voltar ao palco da Terra a fim de santificarem seus laços afetivos, em nova união matrimonial.

Felizes pela oportunidade de poderem resgatar os erros do passado (e conscientes de seus deveres perante a Lei Divina), os futuros cônjuges assumiram, na Espiritualidade, o compromisso de se reaproximarem do antigo adversário pelos vínculos da consanguinidade.

Chegada, porém, a época em que Segismundo deveria ser acolhido na condição de filho do casal, o antigo ódio entre rivais reapareceu. Dominado por indefinidos temores e fortíssimo sentimento de repulsa, tomou Adelino a decisão de não mais aceitar a paternidade de Segismundo.

A simples percepção da presença do desafeto (quer em desdobramento, durante o sono, quer pela sensibilidade às vibrações, em vigília) passou a causar enorme angústia e intenso medo em Adelino.

Raquel, criatura mais generosa e fiel aos compromissos assumidos na Espiritualidade, aceitou a aproximação de Segismundo, não opondo qualquer obstáculo a que ele se reencarnasse em seu lar.

Eis, em rápida síntese, o caso Adelino-Raquel-Segismundo. A partir dele, busquemos aprender com André Luiz.

Conta o autor do livro, que uma verdadeira Equipe Espiritual se organizou, a fim de vencer as resistências emocionais de Adelino (resistências que passaram a se refletir no estado de ânimo de Segismundo, angustiando-o em extremo).

Amigos Espirituais de outras existências puseram-se a campo, com o propósito de superar a rejeição do futuro filho pelo futuro pai, pois só assim se tornaria viável o processo reencarnatório, ameaçado pelas vibrações antagônicas de Adelino e pela condição depressiva de Segismundo.

É a partir daí que passamos a compreender mais nitidamente a importância do nosso comportamento no cultivo da simpatia, da afeição e da beneficência para com o nosso semelhante.

Aprendemos que, nas horas mais decisivas de nossas existências, o auxílio de que carecemos chega-nos, invariavelmente, pelas mãos daqueles que nos devem estima, ternura ou gratidão.

Nada nos pode ser mais útil, na jornada evolutiva, do que a sementeira que houvermos lançado ao solo do tempo. E para um dia merecermos ajuda e afeição, é imprescindível praticarmos, ao longo de nossas vidas, muitos atos de carinho, de generosidade, de amor...

Por isso, recomendava o Mestre na ***Parábola do Administrador Infiel***: *Granjeai amigos com as riquezas da injustiça; para que, quando estas vos faltarem, vos recebam eles nas moradas eternas.* (Lucas: 16,9).

Realmente, é imperioso conquistar amigos com as riquezas transitórias e os recursos materiais da Terra, para que, um dia, sejamos recebidos amistosamente nas moradas eternas do Plano Espiritual.

Jesus se refere aos bens terrenos como "riquezas da injustiça" porque eles não nos pertencem, senão na qualidade de depositários, administradores ou possuidores provisórios. Mas, apesar disso, podemos usar as "riquezas injustas" em benefício de nossos semelhantes, granjeando amigos para a Vida Eterna...

Foi isso que aconteceu no caso de Segismundo.

Amigos dos protagonistas do caso empenharam-se incansavelmente em vencer a repulsa de Adelino, mobilizando providências de toda a espécie, até que a reaproximação do antigo homicida tornou-se possível, em clima de equilíbrio e de paz.

Pelo ensino de André Luiz sabemos que a ligação do espírito reencarnante com o útero materno acontece no momento em que a célula sexual masculina se junta à célula feminina, fecundando-a e dando origem ao ovo.

Entretanto, em que condições o espírito reencarnante se aninha na matriz uterina? O perirpírito, em sua forma adulta, poderá encaixar-se no organismo da mãe? O perispírito da futura criança irá reproduzir o perispírito do reencarnante?

Eis aí questões importantes, básicas mesmo, no estudo da reencarnação.

Para enfrentá-las, usemos, primeiramente, o bom-senso.

Se nós desejamos ter em nosso quintal uma nova mangueira, não introduzimos no solo uma árvore, mas sim, sua semente.

No interior da terra, submetida ao calor, à umidade e à atuação dos micro-organismos, a semente de manga irá perder seus característicos, seus envoltórios (ou tegumentos) e seu endosperma. E somente o embrião, eliminados os envoltórios que o protegem, irá germinar.

Coisa muito semelhante a esse fenômeno botânico ocorre com o espírito, durante a reencarnação.

Antes de ser conduzida ao útero materno, a entidade reencarnante é submetida a um tratamento magnético (ou hipnótico), que visa eliminar tudo o que é acessório no perispírito, reduzindo-o à sua expressão mais simples.

Tal processo, realizado por Entidades Espirituais especializadas, é denominado "restringimento do corpo espiritual", ou "redução perispirítica".

Graças a ele, o espírito reencarnante entra em estado de letargia, ou de hibernação. Dorme profundamente e vai-se despojando de tudo que é secundário, acessório, acidental em seu perispírito, como vimos acontecer à semente, libertando-se dos invólucros que recobrem o seu embrião.

Assim transformado, assim reduzido, o reencarnante é posto em contato com o organismo materno, ao qual se ajusta como se fosse absorvido por ele. Tal qual no exemplo da semente em que ocorre a eliminação dos envoltórios (ou tegumentos) e somente o embrião germina, dando origem ao novo vegetal, no caso da entidade reencarnante, os invólucros eliminados são partes componentes do perispírito.

A parcela do perispírito equivalente ao embrião do vegetal (aquilo que vai dar origem ao novo perispírito e, consequentemente, ao novo corpo) é o envoltório sutil da mente, ou *corpo mental.*

A isso se reporta André Luiz no livro **Evolução em Dois Mundos**, ao realizar o estudo do corpo espiritual como retrato do corpo mental (Primeira Parte, capítulo II, página 280).

Textualmente: *Para definirmos, de alguma sorte, o corpo espiritual, é preciso considerar, antes de tudo, que ele não é reflexo do corpo físico, porque, na realidade, é o corpo físico que reflete, tanto quanto ele próprio, o corpo espiritual, retrata em si o corpo mental que lhe preside à formação.*

Por várias vezes tenho associado textos de André Luiz a poemas de Augusto dos Anjos, pois eles constituem, por excelência, a dupla de noticiaristas do Além.

Assim sendo, não resisto ao desejo de transcrever, aqui, uma quadra do poeta (já aludida em capítulo precedente), em que ele faz referência ao "ego", descrevendo-o tal qual o corpo mental, apenas com a variante da linguagem poética:

Vi que o "ego" era o alento flâmeo e forte

Da luz mental que a morte não consome.

Não há luta mavórtica que o dome,

Ou venenada lâmina que o corte.

Dito isto, voltemos ao nosso caso concreto.

Conta André Luiz, que vários dias antes da efetiva ligação de Segismundo com o organismo materno, já se achava ele em processo de vinculação fluídica direta com seus futuros pais. Em consequência da intensificação desses vínculos, Segismundo ia perdendo, gradativamente, certa parcela de elementos perispirituais. Seu corpo espiritual ia se adelgaçando, esgarçando-se, aumentando sua plasticidade, preparando-se para a redução final.

Chegando o momento decisivo, em meio ao júbilo da equipe espiritual e aos crescentes receios do reencarnante, o supervisor do processo, Alexandre, secundado pelos Construtores Espirituais e utilizando recursos magnéticos, operou a redução da forma perispiritual de Segismundo.

Minutos depois, em clima de santificadas alegrias, Segismundo era levado, como frágil semente humana, a se abrigar no relicário da Vida que era, para ele, o ventre maternal de Raquel.

Capítulo 24

A reencarnação e a liberdade reencarnatória

Já foi dito, anteriormente, que a reencarnação tem duas finalidades principais: a correção dos erros do passado e a evolução natural dos espíritos.

Assim, é compreensível que a alma humana não mais precise renascer na Terra, quando tiver aproveitado todas as experiências e adquirido todas as qualidades que a vida física pode proporcionar.

Na obra mediúnica ***Missionários da Luz***, André Luiz se refere aos espíritos que conquistaram o direito de não mais reencarnarem em nosso planeta.

No Capítulo 12 desse livro, entre outros importantes ensinamentos, o Autor Espiritual nos explica o sentido da palavra "completista", com que qualifica as almas que venceram todos os obstáculos da vida.

É o título que designa os raros irmãos que aproveitaram todas as possibilidades construtivas que o corpo terrestre lhes oferecia. Em geral, quase todos nós, em regressando à esfera carnal, perdemos oportunidades muito importantes no desperdício das forças fisiológicas. Perambulamos por lá, fazendo alguma coisa de útil para nós e para outrem, mas, por vezes, desprezamos cinqüenta, sessenta, setenta por cento e, freqüentemente, até mais, de nossas possibilidades. Em muitas ocasiões, prevalece ainda, contra nós, a agravante de termos movimentado as energias sagradas da vida em atividades inferiores que degradam a inteligência e embrutecem o coração. Aqueles, porém, que mobilizam a máquina física, à maneira do operário fidelíssimo, conquistam direitos muito expressivos em nossos planos. O 'completista', na qualidade de trabalhador leal e produtivo, pode escolher, à vontade, o corpo futuro, quando lhe apraz o regresso à Crosta em missões de amor e iluminação, ou recebe veículo enobrecido para o prosseguimento de suas tarefas, a caminho de círculos mais elevados de trabalhos.

Duas afirmativas constantes do texto mediúnico merecem atenção especial: o fato de serem raros os espíritos que conseguem desincumbir-se, sem falhas, de seu comportamento na vida física, aproveitando todas as suas possibilidades construtivas; e o direito adquirido pelo "completista" de voltar ao nosso mundo (por sua livre vontade, a fim de realizar missões) ou de prosseguir na escalada evolutiva, em mais elevados círculos de trabalho.

Não causa surpresa que sejam poucos os espíritos vencedores na experiência terrena, quando observamos que, em uma classe escolar de quarenta alunos, apenas dois ou três se destacam dos colegas, obtendo ótimo aproveitamento em todas as matérias.

Isto quer dizer que, mesmo se tendo em conta apenas o aspecto intelectual, não nos é fácil conseguir bom rendimento nas tarefas do mundo físico.

Ora, para ser um "completista", é necessário usar eficientemente a inteligência, o caráter e o sentimento, em nossas atividades terrenas, coisa evidentemente bem mais difícil do que ser um bom aluno.

Por outro lado, vimos que o "completista" pode escolher suas atividades futuras.

Se voltar à Terra será para cumprir uma tarefa de amor e abnegação, ajudando um ente querido, ou dedicando-se a uma causa coletiva.

Caso se decida a prosseguir buscando a própria sublimação, passará a viver em "mais elevados círculos de trabalho" que tanto podem significar planetas mais evoluídos, quanto colônias espirituais mais perfeitas.

Sabendo agora o que significa a liberdade reencarnatória, tentemos responder a esta pergunta:

– Por que as virtudes necessárias à nossa elevação moral precisam ser adquiridas nas lutas terrenas?

Confessemos, sem rodeios, que nós pouco sabemos a esse respeito, devendo haver, para tanto, "razões que a própria razão desconhece".

Uma coisa é certa: no mundo espiritual também evoluímos, reajustando sentimentos, aprimorando qualidades, estudando e aprendendo. Porém, é inegável que nós, enquanto espíritos, necessitamos do contato com a carne e com o mundo físico para realizarmos os seus mais significativos avanços.

No Mundo Espiritual, temos a clara noção de nossas responsabilidades e necessidades morais. Recordamos o passado, podendo analisar os pontos fracos de nossa personalidade. Contamos com a valiosa ajuda de orientadores competentes. Não temos dúvidas quanto à Imortalidade e à Justiça Divina; e aceitamos o Evangelho como inquestionável norma de conduta – o que também acontece com as entidades que nos rodeiam. Nessas condições, não é tão difícil elaborar projetos elevados, porque tudo nos encoraja e inclina para o Bem.

O contrário acontece na Terra, onde as tentações se multiplicam, e onde até mesmo as almas valorosas vacilam na fé; onde é imperioso conviver com os instintos e enfrentar as injustiças individuais e sociais, sem esmorecimento e sem trégua; onde a luz da Verdade brilha menos do que uma vela e onde o Cristianismo, afirmado nas palavras, é desmentido nos atos.

Eis aí a arena, onde os gladiadores precisarão demonstrar sua coragem; o campo de batalha, onde os soldados necessitarão revelar seu heroísmo; o enorme incêndio, onde os bombeiros deverão patentear seu destemor e seu arrojo; o ginásio, onde os atletas exibirão sua aptidão física e sua habilidade; o fundo do mar, onde o escafandrista, usando a pesada roupa de mergulhador – como o espírito veste o corpo – vencerá as limitações do ambiente e as condições adversas, ganhando experiência e conhecimento.

A têmpera do aço é conseguida em altas temperaturas.

Nosso espírito será semelhante?

O soneto mediúnico de Cruz e Souza parece indicar que sim.

LIBERDADE

Para ser livre da mundana escória,
E alcançar a amplidão rútila e bela,
Vence os rijos futores da procela
Que te freme na carne transitória.

Desde os adornos da ilusão corpórea
E abraça a estranha e rígida tutela
Da aflição que te humilha e te flagela,
Por teu caminho de esperança e glória.

Agrilhoando à cruz do próprio sonho,
Vara as trevas do báratro medonho,
Nos supremos martírios da ansiedade!...

E, ave distante dos terrestres limos,
Celebrarás na pompa de Áureos Cimos,
A conquista da Eterna Liberdade.

Capítulo 25

A reencarnação e a eterna liberdade

$\mathcal{A}$s sucessivas reencarnações são necessárias ao progresso de nossos espíritos, assim como os diferentes graus de escolaridades são indispensáveis à nossa formatura em uma Universidade.

A comparação é adequada, pois o homem não foi feito, precipuamente, para estudar. Completando o currículo escolar – que é um meio e não um fim – ele dá início à realização de seu verdadeiro objetivo: o trabalho qualificado, para o qual a escola o preparou.

Do mesmo modo, a reencarnação nos educa e aperfeiçoa, desde os primórdios de nossa evolução, nos reinos inferiores da Natureza, até a condição de homens amadurecidos e conscientes dos próprios deveres. Concluída a ronda dos renascimentos e conquistado o título de "completista" (ou seja, o diploma de quem terminou a "Faculdade da Reencarnação"), chega o momento em que o trabalho espiritual nos aguarda.

Do mesmo modo que o estudante não ajuda o pai (ao contrário, depende da mesada paterna enquanto estuda), também nós, até nos libertarmos da necessidade reencarnatória, dependemos muito do nosso Pai e Criador e muito pouco O ajudamos.

É de se esperar, diante disso que, atingindo o grau de "completista", cada espírito passe a colaborar na Obra Divina, dentro de suas possibilidades, assim também, depois de formados, o médico, o engenheiro, o advogado, etc. emprestam o seu concurso à sociedade a que pertencem.

É assim que cada espírito coopera no Plano Divino, ao mesmo tempo em que tem a oportunidade de devolver à Vida aquilo que ela lhe deu.

Como podemos contribuir para a Ordem Universal?

Regressando à Terra, em missão, na qualidade de professores e não de alunos da escola da vida. Assumindo forma física em mundos mais adiantados do que o nosso, onde seremos trabalhadores comuns, porém úteis e fiéis. Permanecendo no Mundo Espiritual, entregues ao estudo e ao trabalho, ou mantendo intercâmbio com a esfera física e regiões espirituais adjacentes, onde seja proveitosa nossa atuação.

Por meio de qualquer dessas atividades, estaremos ajudando o progresso coletivo e construindo nosso próprio roteiro espiritual.

Até quando?

"Hasta La eternidad", como diz a canção...

Somos criaturas dotadas do tropismo da Perfeição, já que nos atrai o divino magnetismo chamado Amor.

Rumamos para Deus como a copa da árvore procura o Sol, como os rios seguem para o mar.

Mas a árvore não alcançará o Sol, nem nós a Deus.

Somos criaturas perfectíveis, mas jamais seremos perfeitos, pois só o Criador Incriado é perfeito.

Consequentemente, o nosso destino é a infindável jornada da Esperança, em busca da Perfeição.

Evoluir incessantemente, participando sempre mais da Obra Divina; conquistar novas dimensões de consciência que aumentem nossa identificação com a Harmonia Universal; apurar a sensibilidade, de modo a fluir com mais intensidade a Beleza sublime e majestosa da Criação; parodiando o poeta, "singrar a luz de céus incomparáveis, envergando os etéreos organismos"; atingir indizíveis êxtases, à procura da União Divina...

Amar e desconhecer qualquer sentimento contrário ao Amor.

Como o pobrezinho de Assis, amar o santo e a fera...

Amar do jeito que Jesus nos amou.

Fim

O Instituto Bairral

*M*antido por uma fundação espírita, o *Instituto Bairral de Psiquiatria* dedica-se ao tratamento de todas as enfermidades mentais e nervosas.

Possui um setor previdenciário, com capacidade superior a 500 leitos. E uma clínica particular – a maior da América Latina – composta de seis unidades autônomas ou mini-hospitais, que totalizam 309 leitos.

No *Instituto Bairral* cada enfermo é atendido em setor independente e especificamente organizado para tratar uma categoria homogênea de pacientes, com equipe técnica exclusiva, e edificações adequadas aos clientes tratados na unidade.

O hospital utiliza o método das comunidades terapêuticas e demais recursos da moderna Psiquiatria.

O *Instituto* oferece assistência espiritual, em base Kardecista, a todos os pacientes que expressamente o desejem.

O *Conselho Diretor* da fundação é integrado por militantes espíritas, que a ela se dedicam sem qualquer remuneração ou vantagem.

Mais informações:
www.bairral.com.br

Glossário

Aborígene: originário do país onde vive; nativo.

Absorto: concentrado em seus pensamentos; alheado, abstraído, absorvido.

Acabrunhar: abater, prostrar, oprimir, afligir.

Adâmico: relativo a Adão, o primeiro homem, segundo a tradição bíblica.

Agrilhoar: acorrentar, ligar, prender com grilhões.

Alento: força, impulso, ânimo.

Algoz: carrasco, verdugo, pessoa cruel.

Analogia: semelhança, similitude, parecença.

Anomalia: irregularidade, anormalidade.

Antagônico: oposto, contrário, adverso.

Apostolado: missão de apóstolo.

Apoucado: reduzido a pouco; rebaixado; amesquinhado, acanhado.

Arauto: pregoeiro, núncio.

Arbítrio: resolução que depende só da vontade; decisão, escolha.

Arcangélico: relativo a, ou próprio de arcanjo, mais do que angélico.

Ária: ariano, da raça ariana ou indo-europeia.

Arraigar: firmar pela raiz, fixar, enraizar, fazer durável, permanente.

Atassalhado: feito em pedaços, lacerado, dilacerado.

Atrocidade: crueldade, barbaridade.

Auscultar: sondar, inquirir, procurar conhecer.

Axiomático: que tem caráter de axioma, evidente, manifesto, incontestável.

Báratro: abismo, precipício, voragem.

Bastidor: parte lateral do palco, parcialmente escondida do público.

Burel: manto de tecido grosseiro de lã, usado como luto, tristeza, pesar.

Catalepsia: estado mórbido de sono, enrijamento dos membros e insensibilidade.

Centelha: partícula ígnea ou luminosa que se desprende de um corpo incandescente; chispa, fagulha.

Cerne: parte do lento das árvores; fica no centro do tronco, e é quase sempre mais escura; a parte mais íntima, essencial; âmago, bojo.

Concupiscência: desejo intenso de bens ou gozos materiais.

Constrição: aperto, compressão.

Corrigenda: errata, admoestação.

Crosta: camada de substância espessa que se forma sobre um corpo; superfície da terra.

Caótico: que está em caos; confuso, desordenado.

Cataclismo: grande inundação; dilúvio; grande desastre.

Ceticismo: atitude ou doutrina segundo a qual o homem não pode chegar a qualquer conhecimento indubitável; estado de quem duvida de tudo, descrença.

Ceitil: moeda portuguesa antiga, que valia um sexto de real; insignificância, ninharia.

Caudilho: chefe militar; cabo de guerra; chefe; mandachuva.

Codificar: reunir em código; transformar em códice, reunir; coligir, compilar.

Defraudar: espoliar fraudulentamente; fraudar, lesar, prejudicar.

Deletério: prejudicial, danoso; que corrompe ou desmoraliza.

Depurar: tornar puro ou mais puro; limpar, purificar.

Desdita: infelicidade, desventura.

Detrimento: dano, perda, prejuízo.

Diligente: ativo, zeloso, aplicado.

Dogma: ponto fundamental e indiscutível de uma doutrina religiosa.

Edênico: próprio do Éden, paradisíaco.

Enegrecer: tornar negro; escurecer; denegrir; deslustrar.

Engendrar: dar origem a; gerar, produzir, inventar.

Epístola: cada uma das cartas dos apóstolos e comunidades cristãs primitivas.

Ergástulo: cárcere, calabouço, prisão, masmorra.

Ermo: lugar sem habitantes, deserto, descampado.

Escalpelar: arrancar a pele do crânio; escalpar.

Escatológico: relativo aos fins últimos dos homens.

Escória: resíduo, sobra, coisa inútil ou desprezível.

Escrófula: designação imprecisa de estado constitucional, que se observa nos jovens, caracterizado por falta de resistência, predisposição à tuberculose, eczemas, catarros respiratórios, etc.

Esotérico: todo ensinamento ministrado a círculo restrito e fechado de ouvintes; compreensível apenas por poucos.

Esterquilínio: lugar onde se deposita estrume, e onde ele fermenta; sujidade, imundice, esterco.

Estigmatizar: marcar com ferimentos iguais ao de Jesus, após a crucifixão.

Estirpe: origem, linhagem, raça, ascendência, cepa.

Estrambótico: que não é comum; esquisito; extravagante; original; excêntrico; de mau gosto; ridículo.

Estratificado: que sofreu estratificação; que é feito em camadas superpostas.

Etéreo: da natureza do éter; sublime, puro; elevado; celeste.

Evolver: passar por evoluções ou transformações sucessivas; evolucionar; evoluir, evolver-se, modificar-se.

Excelso: sublime, excelente, admirável.

Expiar: remir (a culpa), cumprindo pena; pagar; sofrer as consequências de; padecer; purificar-se (de crimes ou pecados).

Êxtase: arrebatamento íntimo, enlevo, arroubo.

Famulento: que tem fome, esfomeado, famélico, ávido, insaciável.

Fariseu: membro de uma seita e partido religioso judeu que se caracteriza pela observância exageradamente rigorosa das prescrições legais; seguidor formalista de uma religião; fiel orgulhoso ou hipócrita, fingido.

Festim: festa particular ou em família; pequena festa.

Filogênese: evolução da espécie.

Flagelo: azorrague para açoutar; chicote, tortura, castigo, suplício.

Flamejar: lançar flamas ou chamas; arder; chamejar,

resplandecer, lançar raios luminosos.

Flâmeo: cor de chama, brilhante, cintilante, refulgente.

Fremir: ter rumor surdo e áspero; bramir, rugir, gemer, bramar.

Forjar: fabricar, fazer, inventar.

Fúlgido: que tem fulgor; que fulge; luzente, brilhante, cintilante.

Fulgir: ter fulgor; brilhar, resplandecer, cintilar.

Genuflexo: ajoelhado.

Gral: vaso sagrado; relicário.

Granjear: conquistar ou obter com trabalho ou com esforço; atrair, conquistar.

Grânulo: pequeno grão; pequena esfera; glóbulo.

Gravame: incômodo; vexame, encargo; ônus.

Hediondo: depravado, vicioso, sórdido, horrendo, sinistro.

Heliotropismo: fenômeno de fototropismo no qual a fonte de luz é o Sol; movimento em direção ao Sol.

Helminto: entozoário ou verme intestinal.

Heresia: ato ou palavra ofensiva à religião; tolice, contrassenso.

Hiperbólico: exagerado, excessivo.

Hiperestesia: sensibilidade excessiva.

Ignoto: ignorado, desconhecido.

Ilação: aquilo que se conclui de certos fatos, dedução, conclusão.

Inato: que nasce com o indivíduo; congênito, conato.

Incognoscível: que não pode ser conhecido, insondável.

Índole: propensão natural; tendência característica; temperamento.

Indômito: não vencido; invencível; altivo.

Inequívoco: em que não há equívoco; claro, evidente, manifesto.

Inerte: que tem inércia; sem atividade, sem movimento, parado.

Inferência: ato ou efeito de inferir; indução, conclusão.

Influxo: influência, ascendência, impulso.

Invólucro: tudo quanto serve para envolver, envoltório.

Jabiraca: bruxa, bruaca, megera, mulher rabugenta.

Júbilo: grande contentamento, alegria, felicidade.

Lacerado: ferido, dilacerado, rasgado.

Larva: o primeiro estado dos insetos, depois de saírem do ovo.

Letargia: estado patológico caracterizado por sono

profundo e contínuo em que as funções da vida estão atenuadas de tal modo que parecem suspensas.

Limo: lodo; aquilo que é baixo ou imundo.

Lufada: rajada ou refrega de vento.

Lúgubre: relativo a luto, fúnebre, triste, soturno, funesto.

Lume: fogo, luz, clarão, fulgor, brilho.

Magnânimo: que tem grandeza de alma; generoso, liberal.

Mavórtico: relativo a Mavorte, ou Marte, deus da guerra; guerreiro, bélico, aguerrido.

Merencório: melancólico, triste, soturno.

Metamorfose: transformação de um ser em outro; mudança, transformação.

Metempsicose: doutrina segundo a qual a mesma alma pode animar sucessivamente corpos diversos, homens, animais ou vegetais; transmigração.

Miraculoso: milagroso, assombroso.

Mônada: organismo muito simples, que se poderia tomar por unidade orgânica.

Monturo: lugar onde se depositam dejeções, lixo, ou imundícies; lixeira, monte de coisas vis ou repugnantes.

Nascituro: que, ou aquele que há de nascer; o ser humano já concebido, cujo nascimento se espera como fato futuro certo.

Neurônio: unidade celular básica do sistema nervoso, formada pela célula e fibras nervosas; é o elemento nobre, altamente diferenciado, encarregado das funções de condução e elaboração dos estímulos de excitabilidade.

Nume: deidade; divindade mitológica; gênio.

Obliterar: apagar, eliminar, suprimir.

Olvido: ato ou efeito de olvidar-se; esquecimento.

Ontogênese: desenvolvimento do indivíduo desde a fecundação.

Orbe: esfera, globo, corpo celeste, planeta, astro.

Palingenesia: eterno retorno, renascimento sucessivo.

Paragem: estância, local onde alguém se demora.

Parapsicologia: ciência que estuda experimentalmente os fenômenos ditos ocultos (comunicação com os espíritos dos mortos, dissociação da personalidade, comunicação telepática, etc.).

Parai: hindu pertencente a qualquer das castas inferiores; homem excluído da sociedade; pessoa desprezível.

Parnaso: Montanha da Fócida (Grécia antiga), consagrada a Apolo e às Musas; coleção de poesias de vários autores; antologia.

Passional: relativo à paixão, causado por paixão, suscetível de paixão.

Pelourinho: coluna de pedra ou madeira em praça ou lugar público, e junto da qual se expunham e castigavam criminosos e escravos.

Perispírito: corpo espiritual, corpo astral, psicossoma ou corpo psicossomático; envoltório do espírito.

Perjuro: aquele que falta à fé jurada; falso, mentiroso.

Porvir: tempo que há de vir; o futuro.

Precursor: que vai adiante; que anuncia um sucesso ou a chegada de alguém, que precede.

Premissa: cada uma das duas primeiras proposições de um silogismo, que servem de base à conclusão; verdade; verdade genérica.

Pressuposto: que se pressupõe; pressuposição; circunstância ou fato considerado como antecedente necessário de outro.

Primevo: relativo aos tempos primitivos; antigo, ancestral.

Procela: tempestade marítima; agitação extraordinária, tumulto.

Protozoário: animais unicelulares, que constituem um grande sub-reino.

Psicanálise: método de tratamento, criado por Sigmund Freud, das desordens mentais e emocionais que constituem a estrutura das neuroses e psicoses, por meio de uma investigação psicológica profunda dos processos mentais.

Pungente: comovente, doloroso, lancinante.

Refulgente: que refulge ou resplandece; resplandecente.

Relicário: recinto especial, uma, cofre, caixa, etc., próprio para guardar as relíquias de um santo.

Rosicler: tonalidade róseo-pálida que lembra a tonalidade da aurora.

Rutilar: tornar rútilo ou muito brilhante; fazer brilhar muito; fazer resplandecer.

Senda: caminho estreito, vereda, trilha.

Sensorial: referente ao cérebro ou ao sensório; pertencente ou relativo à sensação.

Sidério: relativo aos astros, ou próprio deles.

Sinagoga: a partir do exílio babilônico (séc.VI a.C.), local de reuniões dos israelitas, para a leitura da Bíblia e a prece.

Simbolismo: escola literária, principalmente dedicada à poesia, que antecedeu o Modernismo.

Sovela: instrumento de ferro ou de aço, em forma de haste cortante e profunda, que os sapateiros e seleiros usam para furar o couro a fim de coser.

Tegumento: o que cobre o corpo dos homens, dos vegetais e dos animais (pelo, pelos, penas, escamas); envoltório, invólucro.

Telúrico: relativo à Terra; relativo ao solo.

Tetro: negro, escuro, sombrio, horrível, medonho, tétrico.

Torpitude: qualidade de torpe; procedimento indigno, torpe; baixeza.

Transcendente: que transcende; muito elevado; superior, sublime.

Transfigurar: mudar a figura, feição ou caráter de; transformar; alterar.

Transmigrar: passar (a alma) de um corpo para o outro.

Transmutação: formação de nova espécie por meio de mutações, transformação.

Trismo: cerração da boca, resultante da contração espasmódica dos músculos elevadores da maxila inferior.

Tropismo: reação de aproximação ou de afastamento do organismo em relação à fonte de um estímulo; tendência.

Tugúrio: cabana, refúgio, abrigo.

Turbilhão: redemoinho de vento; movimento forte e giratório de água; sorvedouro, voragem.

Velar: cobrir com véu; encobrir, esconder; proteger, vigiar, rodear de cuidados.

Vetusto: muito velho, antiquíssimo.

Vultoso: que faz vulto; volumoso.

Referência Bibliográfia

A BÍBLIA sagrada. Trad. João Ferreira de Almeida. Rio de Janeiro: Sociedade Bíblica do Brasil, 1978.

KARDEC, Allan. *A gênese.* 29ª ed. Federação Espírita Brasileira, 1986.

-----------.*O evangelho segundo o espiritismo.* 67ª ed. Instituto de Difusão espírita, 1987.

-----------. *O livro dos espíritos.* 35ª ed. Instituto de Difusão Espírita, 1987.

BESANT, Annie. *A Reencarnação.* São Paulo: Pensamento.

BUARQUE DE HOLANDA FERREIRA, Aurélio. *Novo dicionário da língua portuguesa.* Rio de Janeiro: Nova Fronteira S.A.

DELANNE, Gabriel. *A Reencarnação.* Rio de Janeiro: Federação Espírita Brasileira, 1952.

DENIS, Léon. *O problema do ser, do destino e da dor.* 13ª ed. Federação Espírita Brasileira, 1985.

FERNANDES, Francisco. *Dicionário de sinônimos e antônimos da língua portuguesa.* 11ª ed. Globo, 1957.

MARTINS VEIGA, Joffre. *A Vida pitoresca de Cornélio Pires.* São Paulo: O Livreiro Ltda, 1971.

MULLER, Karl E. *A Reencarnação baseada em fatos.* Editora Cultural Espírita, 1978.

XAVIER, Francisco Candido. *Entre a terra e o céu.* Pelo Espírito André Luiz. 11ª ed. Federação Espírita Brasileira, 1986.

------------. *Evolução em dois mundos.* Pelo espírito André Luiz. 9ª ed. Federação Espírita Brasileira, 1986.

------------. *Missionários da luz.* Pelo Espírito André Luiz. 17ª ed. Federação Espírita Brasileira, 1984.

------------. *Nosso lar.* Pelo Espírito André Luiz. 33ª ed. Federação Espírita Brasileira, 1987.

------------. *Palavras de vida eterna.* Pelo Espírito Emmanuel. 14ª ed. Comunhão espírita Cristã, 1986.

------------. *Parnaso de além-túmulo.* 12ª ed. Federação Espírita Brasileira, 1983.

------------. *Poetas redivivos.* Federação Espírita Brasileira, 1969.

------------. *Religião dos espíritos.* Pelo Espírito Emmanuel. 4ª ed. Federação Espírita Brasileira, 1978.

------------. *Roteiro.* Pelo Espírito Emmanuel. 7ª ed. Federação Espírita Brasileira,1986.

------------. XAVIER, Francisco Candido; VIEIRA, Waldo. *Antologia dos imortais.* 2ª ed. Federação Espírita Brasileira, 1983.

------------. *O espírito de Cornélio Pires.* 2ª ed. Federação Espírita Brasileira, 1974.

WALKER ATKINSON, Willian. *Antologia caipira –* Prosa e Poesia de Cornélio Pires, São Paulo: O Livreiro Ltda, 1960.

------------. *A reencarnação e a lei do carma.* São Paulo: Pensamento.